영양사 엄마가 제안하는

똑똑한
이유식 & 유아식

[prologue]

아이에게는 '얼마나 맛있는 음식을 만들어주느냐'가 아닌 '어떤 식재료를 선택해 어떻게 만들어주느냐'가 더 중요합니다.

저는 식품영양학을 전공하고, 임상영양사로 일할 때부터 '넌 영양사니까 요리 잘하겠다!'라는 질문을 참 많이 받았어요. 영양사라고 모두 요리를 잘하는 것도, 좋아하는 것도 아니지만 저는 맛있는 음식을 먹거나 요리하는 것을 참 좋아했답니다. 영양사라서 요리를 잘하는 것이 아니라, 식품에 관심이 많고 요리를 좋아해서 영양사라는 직업을 선택했어요.

'임상영양사'라는 직업이 낯설게 느껴지는 분들이 계실 텐데요. 임상영양사는 영양사 중 하나로 병원 및 보건소 등의 의료 기관에서 질병 치료와 예방을 위해 임상영양치료를 하는 사람이랍니다. 영양 상태를 평가하고 영양 진단 후 개개인의 적합한 영양 상담과 교육, 영양 중재를 시행하는 등 종합적인 영양 관리를 제공하는 아주 매력적인 직업이죠. 이 일을 하면서 다양한 사람들을 많이 만나보았는데 사람들이 생각보다 식품이나 음식에 대해 잘 모르는 부분이 많더라고요. 그중 한번은 소아비만으로 내원한 아이의 식이 섭취조사를 한 적이 있었는데, 아이의 엄마가 이렇게 말했어요. "탄산음료가 나쁘다고 해서 저희 애는 매일 주스를 500ml 정도 마셔요." 탄산음료가 몸에 좋지 않은 것은 사실이지만 매일 마시는 주스 역시도 몸에 좋은 것이 아니라는 것을 몰랐기에 생긴 일이었어요. 물론 그 후에 잘못된 영양 지식을 바로 잡고 아이에게 적합한 식이 방법을 알려주었는데 이때 영양사라는 직업이 중요하다는 것을 다시 한 번 느꼈어요.

다양한 사람들을 만나 보람을 느끼며 일을 하던 중 결혼을 하게 되었고 만 3년이란 기간 동안 달콤한 신혼생활에 빠져 있다가 만 4년차 되던 해에 둘이 아닌 셋이 되었어요. 처음에는 제가 엄마가 된다는 사실이 믿겨지지 않더라고요. 임신을 하고 나서, 그리고 그 아이가 두 돌이 된 지금까지도 '과연 내가 좋은 엄마가 될 수 있을까?', '내가 건강하게 우리 아이를 잘 키울 수 있을까?', '내가 잘하고 있는 건가?'라는 생각을 참 많이 했어요. 지금 이 책을 보고 있는 초보 엄마들은 아마 다들 공감하실 것 같아요. 엄마가 된다는 것. 준비는 하고 있었지만 막상 그 문턱에 서보니 두렵고 겁났던 것이 사실이니까요. 하지만 두려움보다 더 큰 행복이 우리 부부에게 찾아왔고, 이는 하늘이 준 최고의 선물이 아닐까 싶어요. 이렇게 저는 엄마가 되었답니다.

제가 영양사라서 그런지 저는 맛있는 음식도 좋지만 무엇보다 건강하게 먹는 것, 하나를 먹더라도 영양 밸런스를 생각해서 음식을 만드는 것을 가장 중요하게 생각해요. 이것은 내 아이가 먹는 이유식도 마찬가지인데요. 음식을 먹는다는 것이 단순히 허기진 배를 채우기 위함이 아닌 식품 본연의 맛을 알아가기 위한 과정이기를 바랐기 때문이에요. 이런 제 마음이 통하기라도 한 듯 생각보다 훨씬 잘 따라와 주는 아들이 너무나 대견하고 고마워서 저는 새롭고 맛있는 걸 더 많이 맛보여주기 위해 부지런한 엄마가 되기로 결심했습니다.

저를 포함한 모든 부모들은 우리 아이들이 건강하고 똑똑하게 성장하기를 바랍니다. 이러한 성장을 위해서는 두뇌가 올바르게 성장할 수 있도록 균형 잡힌 식단이 필요하죠. 초기, 중기, 후기 이유식까지는 새로운 식품에 대해 맛을 보고 그 맛을 기억하며 식품과 친숙해지는 시기예요. 완료기와 유아식 단계가 되어야 본격적으로 이전 이유식 단계에서는 제공하지 못했던 두뇌 발달에 좋은 식품을 다양한 조리법으로 만들어 줄 수 있어요. 어른들의 음식과는 달리 유아식은 맛을 내는 조미료가 한정적이라 어떻게 보면 굉장히 단순하고 또 간단해요. 하지만 최소한의 양념만으로 맛있는 한 끼 식사를 만들기 위해서는 신선하고 질 좋은 식재료가 큰 몫을 하기 때문에 식재료의 선택에 있어서 조금 더 신경을 써야한답니다. 이유식에서 가장 중요한 건 다양한 식품을 얼마나 골고루 먹였느냐는 거예요. 어떤 특정 식품이 두뇌 발달에 좋다고 해서 그 식품 위주로만 식사를 차린다면 그만큼 어리석은 일도 없지요. 어렵게 생각하지 마세요. 우리 일상에서 쉽게 구할 수 있는 재료인 육류, 제철 채소와 과일, 생선, 해산물이 바로 좋은 식품이고 건강한 식재료이니까요.

임상영양사로 10여 년 동안 일을 하며 쌓아온 경험과 노하우를 이유식 책을 통해 펼치게 될 줄은 꿈에도 몰랐어요. 하지만 서툰 요리 실력으로 이유식을 만들 걱정을 하고 있는 육아 초보 엄마들에게 "할 수 있다!"라는 용기를 주고 싶어서 도전했습니다. 제 책에 나와 있는 두뇌 발달에 도움이 되는 영양소와 식품에 대해 정리된 것을 바탕으로 엄마들이 아이를 위해 다양한 식품을 선택할 수 있는 능력이 생겼으면 해요. 우리 아이에게 '얼마나 맛있는 음식을 만들어주느냐'가 아닌 '어떤 좋은 식재료를 선택하여 어떻게 만들어주느냐'가 더 중요하다는 사실을 잊지 마시고 사랑하는 내 아이에게 엄마의 정성이 가득 담긴 이유식을 만들어 주세요.

지난 6개월 동안 육아와 함께 책 작업을 하기란 결코 쉽지 않았답니다. 힘들어 지칠 때마다 절 바로잡아주고 늘 옆에서 잘하고 있다고 칭찬하고 응원해준 남편이 있어서 해낼 수 있었던 것 같아요. 이 자리를 빌려 남편에게 너무 고맙고 사랑한다는 얘기를 전하고 싶고요. 책을 준비하면서 딸로서, 며느리로서 역할을 제대로 못 했음에도 불구하고 물심양면으로 아낌없는 지원을 해주신 양가 부모님들께도 너무 감사하다는 말씀을 드리고 싶어요.

그리고 마지막으로 사랑하는 아들 권오은에게 이 책을 바칠게요.
사랑해 오은아~

러블리홍_홍은미

[Contents]

Chapter 1. 우리 아기 발달과정 및 영양 요구량에 따른 단계별 식품 가이드
1. 출생 후 4~6개월 : 초기 이유식 안심 식재료 • 8
2. 출생 후 7~9개월 : 중기 이유식 안심 식재료 • 9
3. 출생 후 10~12개월 : 후기 이유식 안심 식재료 • 9
4. 출생 후 13~15개월 : 완료기 이유식 안심 식재료 • 10

Chapter 2. 이유식 만들기 기본 상식
1. 이유식 만들 때 필요한 도구들 • 12
2. 이유식 재료 소분 및 보관하는 방법 • 14
3. 육수 만드는 방법 • 15
4. 이유식 단계별 무르기 정도 • 18

Chapter 3. 우리 아기 두뇌 발달에 필요한 영양소 알아보기
1. 지방 • 19
2. 단백질 • 20
3. 탄수화물 • 20
4. 파이토케미컬 • 20
5. 비타민과 무기질 : 비타민B복합체, 비타민A, 비타민C, 비타민E, 철분, 칼슘, 아연, 요오드, 커큐민 • 21

Chapter 4. 똑똑한 이유식 & 유아식

PART 1. 초기 이유식 (4~6개월) 우리 아기 입으로 먹는 첫 식사

✩ 초기 이유식 식사 스케줄 한눈에 알아보기 • 26
✩ 초기 이유식 한 달 식단표 • 27
　쌀 미음 • 28
　감자 미음 • 30
　애호박 미음 • 32
　고구마 미음 • 34
　단호박 미음 • 36
　오이 미음 • 38
　브로콜리 미음 • 40
　완두콩 미음 • 42
　쇠고기 미음 • 44
　쇠고기 시금치 미음 • 46
　쇠고기 콜리플라워 미음 • 48
　쇠고기 비타민 미음 • 50
　쇠고기 청경채 미음 • 52
　닭고기 미음 • 54
　닭고기 당근 미음 • 56

- 초기 이유식 간식
　배즙 • 58
　사과즙 • 60
　감자 완두콩 퓨레 • 62
　군고구마 브로콜리 퓨레 • 64
　바나나 검은콩 퓨레 • 66

PART 2. 중기 이유식 (7~9개월) 하루에 두 번 이유식 먹기

✩ 중기 이유식 식사 스케줄 한눈에 알아보기 • 71
✩ 중기 이유식 한 달 식단표 • 72
　쇠고기 양배추 죽 • 74
　쇠고기 아욱 죽 • 76
　차조 느타리버섯 죽 • 78
　현미 단호박 죽 • 80
　수수 배추 죽 • 82
　연두부 밤 죽 • 84
　강낭콩 쇠고기 죽 • 86
　검은콩 닭고기 죽 • 88
　검은콩 양송이버섯 죽 • 90
　애호박 새송이버섯 죽 • 92
　표고버섯 무 죽 • 94
　적양배추 쇠고기 죽 • 96
　근대 파프리카 죽 • 98
　비트 닭고기 죽 • 100
　케일 사과 죽 • 102
　대구살 브로콜리 죽 • 104
　미역 쇠고기 죽 • 106
　김 케일 죽 • 108
　달걀노른자 감자 죽 • 110
　밤 비트 죽 • 112

- 중기 이유식 간식
　옥수수수프 • 114
　군고구마 치즈볼 • 116
　달걀노른자 감자으깸 • 117
　치즈과자 • 118
　연두부 바나나셰이크 • 119

PART 3.
후기 이유식 (10~12개월)
하루에 세 번 이유식 늘리기

✿ 후기 이유식 식사 스케줄 한눈에 알아보기 • 123
✿ 후기 이유식 한 달 식단표 • 124

흑미 쇠고기 무른밥 • 126
기장 시금치 무른밥 • 128
닭고기 표고버섯 무른밥 • 130
쑥갓 단호박 무른밥 • 132
우엉 양배추 무른밥 • 134
깻잎 사과 무른밥 • 136
쪽파 연근 무른밥 • 138
참나물 쇠고기 무른밥 • 140
가지 쇠고기 무른밥 • 142
팽이버섯 근대 무른밥 • 144
대추 검은콩 무른밥 • 146
렌틸콩 연두부 무른밥 • 148
조기 쥬키니호박 무른밥 • 150
갈치 단호박 무른밥 • 152
동태살 청경채 무른밥 • 154
가자미 애호박 무른밥 • 156
잔멸치 브로콜리 무른밥 • 158
달걀노른자 애호박 무른밥 • 160
김 콜리플라워 무른밥 • 162
잣 영양부추 무른밥 • 164
치즈 동태살 무른밥 • 166

— 후기 이유식 간식
  수제 요거트 • 168
  망고 요거트 • 170
  팬케이크 • 172
  바나나 블루베리 퓨레 • 174
  당근 오트밀 머핀 • 176

PART 4.
완료기 이유식 (13~15개월)
다양한 식품 골고루 먹기

✿ 완료기 이유식 식사 스케줄 한눈에 알아보기 • 181
✿ 완료기 이유식 한 달 식단표 • 182

쇠고기 배추 국수 • 184
옥수수 동태살 덮밥 • 186
토마토 스파게티 • 188
쇠고기 피망 덮밥 • 190
돼지고기 고구마 밥 • 192
돼지고기 영양부추 밥 • 194
돼지고기 브로콜리 볶음밥 • 196
닭고기 시금치 밥 • 198
황태 표고버섯 밥 • 200
새우 부추 덮밥 • 202
연어 크림 덮밥 • 204
아스파라거스 대구살 덮밥 • 206
닭고기 브로콜리 리소토 • 208
쇠고기 송이버섯 밥 • 210
검은깨 파프리카 밥 • 212
쇠고기 톳 밥 • 214

— 완료기 이유식 간식
  군고구마 치즈롤빵 • 216
  단호박 호두 크로켓 • 218
  프렌치토스트 & 홍시라씨 • 220

PART 5. 유아식 (16~36개월) 영양 만점 한 끼 식사

☆ 유아식 식사 스케줄 한눈에 알아보기(하루 식단 예시) • 225
☆ 유아식 주차별 식단표 • 226
☆ 알아두기 1. 계량하기 / 2. 밥짓기 • 228

돼지고기 들깨탕 • 230
시금치 카레라이스 • 232
돼지고기 완자탕 • 234
오징어완자 스테이크 • 236
쇠고기 쌀국수 • 238
야채 우동볶음 • 240
아스파라거스 프리타타(frittata) • 242
연어크로켓 • 244
청국장찌개 • 246
연어 스테이크 • 248
새우 로제파스타 • 250
미트볼 견과류 덮밥 • 252
꼬마김밥 • 254
아보카도 후무스 미니버거 • 256
쇠고기 가지 덮밥 • 258
아마씨 밥 + 병어찜 + 3종 나물 • 260
새우볶음밥 + 달걀 파 국 • 264
닭고기 땅콩소스 삼각김밥 + 토마토주스 • 266
참치 두부 야채전 + 잔멸치 아몬드볶음 + 가지 나물 • 269
고등어구이 + 배추 된장국 + 5색 야채꼬치 • 272
닭고기 비트 연근전 + 톳미역국 + 브로콜리 양파볶음 • 275
메추리알 장조림 + 콩나물무침 + 감자 비트볶음 + 렌틸콩 밥 • 278
쇠고기 감자찜 + 5색 야채전 • 281
아마씨 멸치주먹밥 + 케일 사과주스 • 284
카레 달걀볶음밥 + 복숭아 망고 스무디 • 286
쇠고기 장조림 + 바지락 콩나물 국 + 오이나물 • 288
가자미 카레구이 + 송화버섯 볶음 • 292
로즈마리 닭 안심구이 + 아보카도 후무스 • 294
돼지고기 김치찜 + 양배추나물 • 296
5색 소보로비빔밥 + 미역장국 • 299

BONUS. 단계별 이유식 식단표 • 302

CHAPTER 1

우리 아기 발달과정 및 영양 요구량에 따른 단계별 식품 가이드

1. 출생 후 4~6개월

초기 이유식을 시작하는 시기로 아기의 입 주위 근육이 세밀하게 움직여 '씹기'를 할 수 있습니다. 혀를 사용하여 음식물을 혀 뒤쪽에 둘 수 있고, 수저를 갖다 대면 입을 열어 오물거립니다. 또한 엄마아빠가 먹는 모습을 보면 침을 흘리고, 입을 쩝쩝대는 모습을 관찰할 수 있습니다. 생후 6개월이 지나면 몸속의 철 저장량이 감소하기 때문에 철분을 강화시킨 이유식(쇠고기를 넣어 만든 미음)을 추가로 보충해야 하는 시기이기도 합니다.

아기의 장기는 성인과 같이 완전한 기능을 하지 못합니다. 때문에 성급하게 고형음식을 먹이면 아기의 장기(소화기와 콩팥)가 음식을 소화·배설하지 못할 뿐더러 과다한 영양분을 처리하지 못해 오히려 칼로리나 영양소가 부족해질 수 있습니다. 또한 식품 알레르기의 발생위험도 증가합니다. 이유식을 시작할 때는 한 가지 종류의 이유식을 1~2작은술씩 4~5일 간격으로 주되 양을 서서히 늘리도록 합니다. 이렇게 해야만 어떤 음식에 과민반응(알레르기, 아토피 등)을 일으키는지 쉽게 알 수 있어 대처가 가능합니다.

■ 초기 이유식 안심 식재료

	초기 전반 (4~5개월)	초기 후반 (6개월~)
곡류	멥쌀, 찹쌀, 오트밀, 감자, 고구마	차조
채소 및 해조류	단호박, 늙은 호박, 애호박, 브로콜리, 콜리플라워, 비타민, 청경채, 오이, 양배추, 무	배추, 당근, 시금치, 양파
과일류		사과, 배, 바나나
콩류 및 어육류	완두콩	쇠고기 안심, 닭고기 안심/가슴살, 달걀노른자, 강낭콩, 검은콩
우유 및 유제품		
유지 및 견과류		
기타		

2. 출생 후 7~9개월

하루에 두 번 고형식을 섭취하는 중기 이유식 시기로 물건을 잡기 위해 손을 뻗고, 손가락을 사용하는 소근육이 발달하는 시기입니다. 이제 하나, 둘 이가 나기 시작해 잇몸으로 오물거리며 음식을 먹을 수 있고, 새로운 음식에 대한 관심과 표현이 생기기도 합니다.

하루에 두 번 이유식을 주기 때문에 모유나 분유의 섭취량이 줄어들지만 하루 700~800ml 정도는 모유나 분유로 보충을 해야 합니다. 일반 우유는 철분 함량이 많지 않으며 우유 내 단백질과 나트륨으로 인한 신용질부하가 높고, 위장관 출혈의 위험이 있으므로 생후 12개월까지는 권장하지 않습니다.

■ 중기 이유식 안심 식재료

	중기 전반 (7~8개월)	중기 후반 (9개월~)
곡류	수수, 밤	현미, 발아현미, 옥수수
채소 및 해조류	버섯류(느타리버섯, 표고버섯, 송이버섯, 팽이버섯, 양송이버섯, 새송이버섯 등), 얼갈이배추, 봄동, 아욱, 근대, 비트	연근, 적양배추, 파프리카, 미역, 김
과일류	수박	건포도, 대추
콩류 및 어육류	대두, 밤콩, 두부 및 연두부, 쇠고기육수, 닭고기육수	흰살 생선(가자미, 대구, 조기)
우유 및 유세품	아기용 치즈, 플레인요거트	
유지 및 견과류		
기타	쌀과자(떡뻥), 쌀튀밥, 아기용 과자	

3. 출생 후 10~12개월

소화 능력이 향상되어 위산의 양이 증가하고, 식욕이 왕성해지는 후기 이유식 시기입니다. 부드러운 음식은 쉽게 씹고, 컵으로 음료를 마실 정도로 아기가 많이 성장합니다. 물건을 잡기 위해 엄지손가락과 집게손가락을 사용하며, 배가 부르면 얼굴을 돌리기도 하고 스스로 음식을 먹겠다는 표현을 하기도 합니다.

하루 3번의 이유식 섭취로 모유나 분유로부터 받는 영양공급량이 감소하므로(감소된다 하더라도 하루 500~600ml 정도는 필요합니다.) 다양한 고형식품(과일, 채소, 전분, 단백질 식품, 유제품 등)을 적절하게 선택하여 필요량에 충족시키도록 합니다.

■ 후기 이유식 안심 식재료

	후기 전반 (10~11개월)	후기 후반 (12개월~)
곡류	녹두	밀가루, 흑미 등 대부분의 곡류, 도토리묵, 청포묵, 떡, 소면, 쌀국수, 전분, 면류, 빵 등
채소 및 해조류	콩나물, 숙주나물, 가지, 우엉, 파래	고사리, 쑥갓, 참나물, 취나물, 피망, 치커리, 깻잎, 어린잎, 무순, 새싹채소, 돌나물, 파, 마늘, 부추
과일류	참외, 살구, 포도즙, 귤즙	토마토, 멜론, 블루베리, 귤, 오렌지, 단감, 홍시, 망고, 딸기, 키위, 레몬, 파인애플, 생과일주스
콩류 및 어육류	콩비지 등 대부분의 콩류, 흰살 생선(임연수어, 생태, 동태, 병어, 갈치)	메로, 등푸른 생선(고등어, 삼치, 꽁치), 오징어, 뱅어포, 북어포, 잔새우, 잔멸치, 닭다리살, 닭봉, 닭날개, 돼지고기 등심, 달걀, 메추리알, 멸치야채육수, 가다랑어육수
우유 및 유제품		우유, 버터, 생크림
유지 및 견과류	통깨(갈아서), 참기름, 들기름	호두, 잣, 해바라기씨, 호박씨, 들깨, 검은깨, 포도씨유, 올리브유, 카놀라유
기타		아가베시럽, 꿀, 간장, 식초

4. 출생 후 13~15개월

주변의 사물에 관심을 보이며 탐색하는 재미에 빠져 많은 아기들이 평소보다 더 적게 먹고, 먹는 것에 흥미를 잃게 되는 완료기 이유식 시기입니다. 식습관이 형성되는 매우 중요한 시기에 섭취량이 줄었다고 조급한 생각과 행동(음식을 들고 다니면서 한 숟가락이라도 더 먹이려 한다거나, TV를 틀어 집중시킨 후 밥을 먹이는 행동)을 한다면 편식하는 아이로 만들기 쉽습니다. 규칙적인 일과 속에서 기본적인 식사규칙을 세우면 골고루 먹는 건강한 아기가 될 수 있습니다.

이 시기에 모유나 우유, 유제품은 하루 500ml 정도 보충해주며, 모유 수유는 24개월까지 지속할 수 있으나 식사에 방해되지 않게 18개월경에 젖떼기를 하는 것을 권장합니다.

■ 완료기 이유식 안심 식재료

	완료기 전반 (13~14개월)	완료기 후반 (15개월~)
곡류		팥, 율무, 당면
채소 및 해조류		마, 아스파라거스, 토란대, 냉이, 도라지, 마늘종, 달래, 우거지, 미나리, 파슬리
과일류		아보카도, 복숭아
콩류 및 어육류		연어, 참치, 장어, 낙지, 게살, 조개류(바지락, 대합, 홍합, 맛조개, 모시조개 등), 새우, 전복, 굴, 소라, 날치알, 대부분의 육류
우유 및 유제품		크림치즈
유지 및 견과류		땅콩, 아몬드 등
기타	후리카케, 빵가루, 백김치	천일염, 된장, 미소된장, 청국장, 카레가루, 젤라틴, 라이스페이퍼

이유식 만들기
기본 상식

1. 이유식 만들 때 필요한 도구들

이유식을 준비할 때 꼭 필요한 조리 도구입니다. 무작정 이유식 도구 세트를 구입하면 한두 번 사용하고 안 쓰는 경우가 많으니 집에 있는 도구를 최대한 활용하는 것이 좋습니다. 다만 위생적으로 이유식을 만들기 위해서는 그동안 써왔던 도구와 혼용하지 말고 열탕소독을 할 수 있는 제품으로 구입하는 것을 추천합니다.

미니 믹서 / 분쇄기

이유식 초기에 꼭 필요한 도구입니다. 한번에 만드는 이유식의 양이 많지 않기 때문에 큰 믹서보다는 미니 믹서의 활용도가 높습니다. 중기 이유식 단계부터는 데친 채소와 삶은 고기를 다질 때 핸드블렌더(분쇄기)가 유용하게 쓰입니다.

저울

책에 나와 있는 레시피를 눈대중으로 맞추기엔 다소 무리가 있습니다. 레시피를 준수해야 맛있는 이유식을 만들 수 있으니 이유식을 시작하기 전에 구입해둡니다.

거름망(체)

초기 이유식 단계에서 필수품으로 데친 채소를 건지거나 물기를 제거할 때 쓰입니다. 망의 굵기와 크기가 다른 체를 2~3개 준비해 사용 용도에 따라 달리 사용합니다.

냄비

스테인리스 스틸 냄비를 2~3개 준비해 이유식 전용으로 사용하면 좋습니다. 이유식은 끓이면서 계속 저어야 하니 양수보다는 편수 냄비가 더 편리합니다.

실리콘 주걱

쉽게 눌어붙는 이유식은 만드는 내내 잘 저어야 하기 때문에 냄비 바닥까지 긁을 수 있는 부드러운 실리콘 소재의 주걱이 좋습니다. 또한 열탕소독이 가능하기 때문에 위생적으로 관리하기에도 좋습니다.

칼 / 도마

평소 사용하던 칼과 도마보다는 이유식을 위해 새롭게 준비하는 것이 좋습니다. 육류와 채소는 칼과 도마를 따로 분류해서 사용하는 것이 위생적으로 좋지만 매번 그렇게 하긴 쉽지 않기 때문에 사용 후 바로 열탕소독을 할 수 있는 실리콘 소재의 도마를 추천합니다.

계량스푼 / 계량컵

무게를 잴 때는 저울이 필요하지만 물이나 육수, 간장, 오일 등의 액체재료를 잴 때는 계량스푼과 계량컵이 필요합니다. 계량컵은 스테인리스 스틸 재질이나 유리로 된 제품이 좋습니다.

포테이토 메셔(으깨기)

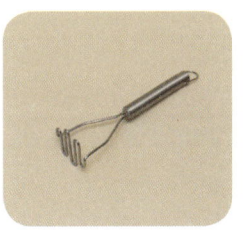

재료를 부드럽게 으깨기 위해서는 절구나 포테이토 메셔 등이 필요한데 간편하게 사용하기에는 포테이토 메셔가 더 유용합니다. 다양한 재질의 제품이 많이 있지만 스테인리스 스틸 재질로 된 제품이 견고하고 관리하기 편합니다.

찜기 / 전자레인지 전용 용기

야채나 생선을 찔 때 필요한 찜기는 다양한 제품이 있지만 보통 스테인리스 스틸 찜기를 많이 사용합니다. 소량의 감자나 고구마, 단호박 등을 찔 경우에는 유리로 된 전자레인지 전용 용기도 유용합니다.

이유식 숟가락

숟가락은 처음 음식을 먹는 아기들에게 굉장히 낯선 물건입니다. 입에 들어오는 물건은 무조건 물려고 하기 때문에 열탕소독이 가능해야하고, 씹는 힘을 조절하지 못하기 때문에 아기가 깨물어도 안전한 실리콘 재질의 스푼을 선택하는 것이 좋습니다.

이유식 재료 소분 용기	이유식 보관 용기
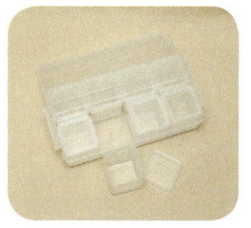 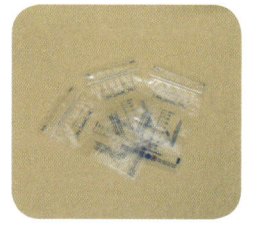	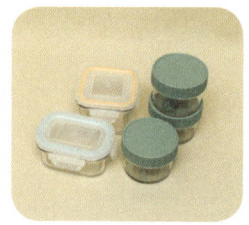
이유식에 사용할 야채나 고기 등은 한 번에 넉넉히 준비해 소분해두면 다음 이유식을 만들기가 수월해집니다. 냉장과 냉동 보관이 모두 가능하며 1회 분량씩 소분해 담을 수 있는 사이즈의 제품을 구입하는 것이 좋습니다. 이유식용 육수는 모유저장팩에 담아 냉동 보관하면 재사용을 못한다는 아쉬움은 있지만 위생적으로 보관할 수 있습니다.	만들고 남은 이유식은 반드시 밀폐용기에 담아 보관해야 하며 1회 분량씩 소분해서 담아야 위생적입니다. 초기 이유식부터 완료기 이유식까지 아기가 먹는 이유식의 양에 맞는 용기를 선택하고, 색이나 냄새가 잘 배지 않는 유리제품을 사용하는 것이 좋습니다.

2. 이유식 재료 소분 및 보관하는 방법

이유식 재료는 필요할 때마다 바로바로 구입해서 사용하는 것이 가장 좋지만 사실 그렇게 하기는 현실적으로 불가능합니다. 때문에 일주일 동안의 이유식 재료를 구입해서 나중에 바로 사용할 수 있도록 손질해 소분한 뒤 냉동 보관을 해두면 필요할 때마다 하나씩 꺼내 쓸 수 있어 편리합니다. 최대한 신선도를 유지하며 손쉽게 사용할 수 있도록 육류와 채소의 소분방법을 소개합니다.

육류	채소

매끼 사용하는 쇠고기나 닭고기는 매번 바로 구입하기 힘들기 때문에 넉넉히 구매해 냉동 보관 합니다. 하지만 잘못 보관하면 고기의 수분이 다 빠져나가 맛이 없어지므로 1회 분량씩 얇게 썰어 종이호일에 감싼 뒤 밀폐용기에 담아 보관하면 하나씩 꺼내기도 쉽고 신선도도 유지할 수 있습니다. 사용하기 전날 냉장실로 옮겨 서서히 해동하는 방법이 가장 좋습니다.	다양한 채소를 바꿔가며 이유식에 넣어야 하기 때문에 적은 양의 채소를 구입한다 하더라도 남기 마련입니다. 버려지는 것도 예방하고 다음 이유식을 좀 더 편하게 만들기 위해서는 용도에 맞게 전처리하여 소분하는 것이 좋습니다. 또한 한눈에 알아볼 수 있도록 용기에 라벨링을 해두면 더욱 편리합니다.

3. 육수 만드는 방법

후기 이유식부터는 물 대신 육수를 사용할 수 있습니다. 육수를 사용하면 이유식의 맛과 영양을 높일 수 있기 때문에 들어가는 재료와 어울리는 육수를 미리 만들어 두는 것이 좋습니다. 이유식을 잘 먹는 아기라면 굳이 육수를 만들 필요 없이 다양한 재료를 충분히 넣어 이유식을 만들어도 좋습니다.

멸치야채육수
요리시간 : 40분

가장 기본적으로 웬만한 요리에 잘 어울리는 육수입니다. 육수를 처음 사용한다면 다시마를 우려낸 육수가 좋고, 후기 이유식부터는 조금 진하게 우려 깊은 맛을 낸 육수가 좋습니다. 양파 껍질은 소량만 넣어도 육수의 색이 진하게 나오며 멸치의 비린 맛을 잡고 풍미를 살리는 데 도움이 됩니다.

- 국물용 멸치 40g
- 황태 대가리 1토막
- 다시마(5 × 5cm) 1~2조각
- 양파 1/2개(150g)
- 무 1토막(200g)
- 대파 흰 부분 1뿌리
- 건 표고버섯 1개
- 양파 껍질 2~3장
- 물 3L(15컵)

1 재료를 준비합니다. 멸치는 내장을 제거하고 건 표고버섯은 흐르는 물에 1~2번 헹굽니다. 다시마는 마른 행주로 겉면을 닦아냅니다.

2 큰 냄비에 모든 재료를 넣고 센불에서 끓어오르면 중불로 줄여 30분간 푹 끓입니다.

3 30분 후 불을 끈 뒤 건더기는 건져내고 충분히 식힌 다음 바로 사용할 분량만 남기고 1회 분량씩 소분해 냉동 보관 합니다.

쇠고기육수

요리시간 : **1시간 10분**

쇠고기가 들어가는 이유식에 사용하면 좋은 육수로 특히 국수나 탕에 사용하면 굉장히 깊은 맛을 낼 수 있습니다. 한번 끓여낸 육수는 충분히 식힌 후 면포에 걸러 기름기를 제거해 사용하는 것이 좋습니다.

- 쇠고기 양지 200g
- 무 200g
- 양파 1/2개(150g)
- 대파 흰 부분 1뿌리
- 건 표고버섯 2개
- 물 3L(15컵)

1 쇠고기 양지는 적당한 크기로 썰고 표고버섯은 흐르는 물에 1~2번 헹굽니다. 대파는 뿌리까지 깨끗하게 씻어 흰 부분만 준비합니다.

2 큰 냄비에 모든 재료를 넣고 센불에서 끓어오르면 위에 뜨는 거품을 제거하고 중불로 줄여 1시간 동안 푹 우립니다.

3 1시간 후 건더기는 건져내고 충분히 식힌 다음 기름을 제거한 뒤 바로 사용할 분량만 남기고 1회 분량씩 소분해 냉동 보관 합니다. 삶은 고기는 다져서 이유식에 사용하거나 국수의 고명으로 사용하면 좋습니다.

가다랑어육수

요리시간 : **10분**

가다랑어를 찌고, 건조하고, 발효시켜 만든 가다랑어포를 이용해 육수를 만들면 풍미가 좋고 단맛이 있어 부드러운 된장국이나 계란찜, 해물이 들어간 음식에 굉장히 잘 어울립니다. 가다랑어는 등푸른 생선으로 불포화지방산이 풍부하나 알레르기를 유발할 수 있으므로 완료기 이유식(12개월 이후)단계에 사용하는 것이 좋습니다.

- 다시마(10 × 10cm) 2장
- 물 1L (5컵)
- 가다랑어포 15g

1 가다랑어포와 다시마를 준비합니다. 이때 다시마는 마른 행주로 겉면을 닦아 준비합니다.

2 냄비에 물을 붓고 다시마를 넣어 끓이다가 끓기 직전 다시마를 건져냅니다.

3 가다랑어포를 넣고 1분간 끓이다가 불을 끄고 3분간 우린 뒤 건져냅니다. 육수는 충분히 식힌 후 바로 사용할 분량만 남기고 1회 분량씩 소분해 냉동 보관 합니다.

※ 육수 보관방법

필요할 때마다 바로 만들어서 사용하는 육수가 제일 좋지만 매번 그렇게 하긴 쉽지 않습니다. 때문에 육수를 한 번에 넉넉히 만들어 1회분씩 소분해 보관하는 것이 좋습니다. 보통 냉장 보관은 2일, 냉동 보관은 1달까지 가능하기 때문에 바로 사용할 것이 아니라면 냉동 보관을 권장합니다.

냉장 보관 : 2일 동안 사용할 육수는 병에 담아 냉장고에 보관합니다.

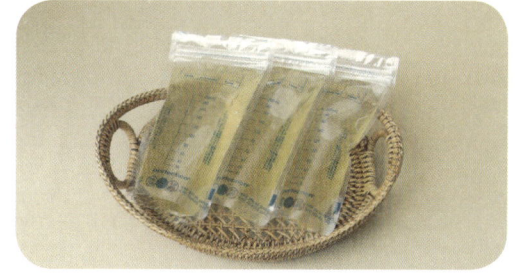

냉동 보관 : 밀폐용기에 담아 냉동해도 되지만 모유저장팩에 담아 보관하면 해동할 필요 없이 바로 사용할 수 있습니다. 냉동상태의 육수를 팩째로 흐르는 물에 1분 정도만 담가두면 금방 녹습니다.

4. 이유식 단계별 무르기 정도

	초기 (4~6개월)	중기 (7~9개월)	후기 (10~12개월)	완료기 (13개월 이후)
쌀	미음 ~ 묽은 죽 건더기 없이 주르륵 흘러내리는 형태	묽은 죽 ~ 된죽 (7~8배 죽 → 5배 죽) 작은 쌀 알갱이가 있으며 뚝뚝 떨어지는 형태	무른 밥 밥 알갱이가 있으나 푹 무른 형태	진밥, 보통 밥 밥 알갱이가 살아있는 진밥의 형태 또는 일반밥
당근	삶아서 곱게 갈아 알갱이가 없는 형태	푹 삶아 매우 곱게 다진 형태	푹 삶아 잘게 다진 형태	푹 삶아 0.5 ~ 1cm 크기로 썰어 손으로 집을 수 있는 형태
쇠고기	삶아서 곱게 갈아 알갱이가 없는 형태	푹 삶아 매우 곱게 다진 형태	푹 삶아 잘게 다진 형태	푹 삶아 0.5 ~ 1cm 크기로 썰어 손으로 집을 수 있는 형태
브로콜리	줄기 없이 데쳐서 곱게 갈아 알갱이가 없는 형태	줄기 없이 데쳐서 매우 곱게 다진 형태	데쳐서 잘게 다진 형태	데쳐서 1cm 크기로 썰어 손으로 집을 수 있는 형태

CHAPTER
3

우리 아기 두뇌 발달에 필요한 영양소 알아보기

두뇌가 급성장하는 시기는 출생 후 3년 이내로, 이때 뇌 세포를 포함한 신경 세포의 분열이 활발히 일어나기 때문에 충분한 영양 공급이 이루어져야 합니다. 특히 만 2세까지의 영양 불균형은 중추신경계의 발달에 영향을 주어 뇌 손상을 초래할 수 있으므로 골고루 영양을 섭취해야 합니다. 생후 1년 이후부터는 칼로리 필요량이 감소하여 식욕이 줄어들기 시작하지만 단백질, 비타민, 무기질의 요구량은 점차 증가합니다. 과잉 행동, 주의력 결핍, 우울증, 정신 이상 증세도 이 시기의 영양과 아주 밀접한 관계를 가지고 있으며, 이 시기에 뇌 발달에 좋은 영양소를 많이 섭취한 아이는 자라면서 잠재력을 최대한 발휘할 수 있습니다.

1. 지방(fat)

뇌는 음식을 통해 지방산을 공급받아 세포막을 형성합니다. 몸속의 유익한 지방은 지용성 비타민A, D, E, K의 흡수를 도와주며 뇌와 중추신경계를 건강하게 만들고 면역기능을 강화시킵니다. 뇌 건강은 우리가 섭취하는 지방의 종류에 달려있는데 필수 지방을 적게 섭취하면(즉 우리 몸에 필수 지방이 부족하면) 집중력이 떨어지고 산만한 행동을 하며 IQ가 낮아진다는 연구 보고가 있습니다.

불포화지방산의 한 종류인 오메가-3지방산은 두뇌 발달과 망막 형성에 필요한 DHA 등을 공급하는 영양소이므로 영아기 때부터 유아, 아동기까지 꾸준한 공급이 이루어져야 뇌의 작용이 원활해져 두뇌 발달에 도움이 되고 기억력이나 학습 능력이 좋아집니다. 높은 농도의 DHA는 태어나서 2년 동안 계속적으로 축적된다고 하니 충분히 섭취하도록 합니다.

오메가-3지방산이 많은 식품으로는 등푸른 생선(고등어, 청어, 꽁치, 삼치, 멸치, 참치 등), 연어, 가자미, 견과류(호두, 땅콩, 아몬드 등), 브로콜리, 시금치, 해초, 오트밀, 두부 등이 있습니다. 우리가 일상적으로 요리에 사용하는 식물성오일도 불포화지방에 해당되며 올리브유, 카놀라유, 대두유, 호두유, 땅콩유, 아마씨유, 아보카도유, 참기름, 들기름 등이 있습니다.

2. 단백질(protein)

흔히 '단백질'이라고 하면 근육을 형성하는 영양소라고 생각하지만 단백질은 근육 형성뿐만 아니라 뇌의 기능과 전체적인 건강에도 깊이 관여합니다. 영·유아기때 11가지 필수 아미노산이 함유된 완전 단백질을 섭취하는 것은 두뇌 발달에 가장 중요한 영향을 미치며 이러한 필수 아미노산은 체내에서 생성되지 않아 식품을 통해 섭취해야 합니다. 건강한 단백질 식품은 뇌가 신경전달물질을 만드는 데 도움이 됩니다. 특히 콜린(choline)은 뇌 발달에 관여하는 중요한 물질로 기억력을 유지하거나 촉진하는 역할을 하는데, 식품 속 레시틴(lecithin ; 난황의 대표성분)의 형태로 섭취할 수 있습니다. 동물성 단백질과 식물성 단백질 모두 두뇌 발달에 도움이 되는 필수 아미노산을 가지고 있습니다.

동물성 단백질 식품으로는 육류(쇠고기, 닭고기, 돼지고기, 오리고기 등), 생선 및 어패류(조개, 오징어, 새우, 게 등), 알류(달걀, 메추리알 등), 우유 및 유제품 등이 있으며, 견과류, 각종 씨, 도정이 안 된 통곡물, 콩류, 야채 등은 식물성 단백질입니다. 육류는 지방 함량이 높은 부위(삼겹살, 갈비, 꽃등심 등)보다는 살코기(안심, 닭가슴살, 껍질과 기름을 떼어낸 고기부위) 위주로 선택해 양질의 단백질을 섭취하도록 합니다.

3. 탄수화물(carbohydrate)

탄수화물은 뇌의 원활한 작용과 근육을 움직이는 데 중요한 역할을 합니다. 영아기는 두뇌가 신체의 크기에 비해 훨씬 더 빨리 자라는 시기로 총 열량 섭취의 60% 정도를 두뇌에서 소모하여 체중당 포도당 대사량이 성인보다 4배 이상 높습니다. 이때 뇌 세포 및 신경 세포, 적혈구는 주로 탄수화물의 포도당을 에너지원으로 사용하며, 포도당은 기억력과 집중력을 향상시키는 역할을 합니다.

정제된 탄수화물보다는 도정하지 않은 통곡물(현미, 흑미, 통밀, 통보리, 귀리와 오트밀), 채소와 과일, 콩과 견과류 등을 충분히 섭취는 것이 좋습니다.

4. 파이토케미컬(phytochemical)

파이토케미컬은 식물성을 의미하는 '파이토(phyto)'와 화학을 의미하는 '케미컬(chemical)'의 합성어로 건강에 도움을 주는 식물성 화학물질을 의미합니다. 생명 유지를 위해 반드시 섭취해야 하는 필수 영양소는 아니지만 사람의 몸에 들어가면 항산화물질로 작용해 세포 손상을 억제하여 건강을 유지시킵니다.

면역력을 높여주는 파이토케미컬은 가공하지 않은 자연 상태의 식물성 식품인 채소와 과일에 많이 들어있습니다. 이유식을 시작하는 단계에서부터 다양한 색깔의 채소와 과일을 섭취하면 아이의 두뇌 발달과 성장에 중요한 밑거름이 될 것입니다. 흔히 컬러푸드라고 일컫는 파이토케미컬이 풍부한 채소와 과일은 다음과 같습니다.

빨간색 – 토마토, 체리, 딸기, 수박, 빨간 피망, 크랜베리, 자몽, 라즈베리, 석류 등
초록색 – 시금치, 브로콜리, 아보카도, 키위, 청포도, 완두콩, 피망, 케일 등
노란색 – 당근, 오렌지, 망고, 호박, 옥수수, 파인애플, 복숭아, 고구마, 노랑 파프리카 등
보라색 & 검은색 – 블루베리, 블랙베리, 포도, 자두, 건포도, 가지, 검은콩, 검은깨, 흑미 등
흰색 – 양배추, 마늘, 양파, 파, 생강, 바나나 등

5. 비타민과 무기질

다량영양소인 탄수화물, 단백질, 지방이 근육이라면 미량영양소인 비타민과 미네랄은 두뇌에 해당한다는 말이 있습니다. 그만큼 비타민과 미네랄은 뇌와 신경계 발달에 매우 중요한 역할을 합니다. 에너지를 내는 지방, 단백질, 탄수화물 식품과 영양 균형을 잘 따져보고 적절하게 그 시기에 맞는 식품과 섭취 방법을 숙지하는 것이 급성장하는 영·유아기의 두뇌 발달에 많은 도움이 됩니다.

비타민B복합체
(티아민B_1, 리보플라빈B_2, 나이아신B_3, 피리독신B_6, 코발라민B_{12}, 판토텐산, 비오틴, 엽산)

비타민B복합체는 에너지 대사와 단백질 대사에 있어서 중추적인 역할을 하기 때문에 성장 발육이 왕성한 영·유아기에 있어서 매우 중요한 영양소입니다. **티아민**은 뇌의 주 연료인 포도당이 에너지로 전환되는 것을 도와주기 때문에 티아민이 부족하면 정신적, 육체적 피로를 느끼며 주의력과 집중력이 떨어집니다. **나이아신**은 행복감을 느끼게 하는 신경전달물질인 세로토닌(serotonin)과 잠을 잘 자게 해주는 물질인 멜라토닌(melatonin)을 생성하는 데 중요한 역할을 하며 숙면에 도움이 되어 학습력 상승 효과를 볼 수 있습니다. **판토텐산**은 기억력을 향상시키는 신경전달물질인 아세틸콜린(acetylcholine)을 만드는데 꼭 필요한 영양소입니다. 또한 성장기에는 혈액량이 크게 증가하므로 조혈인자인 **엽산**과 비타민B_{12}의 충분한 섭취가 필요합니다. 식품 중 엽산의 흡수율은 50% 미만으로 낮은 편이지만 비타민B_6, 비타민B_{12}와 함께 섭취할 경우 시너지 효과가 생겨 더욱 많이 흡수할 수 있습니다.

뇌 발달에 영향을 주는 비타민B복합체는 다양한 식품에 존재하며 특히 곡물, 채소, 콩류에 많이 들어있습니다. 무정제의 밀, 오트밀, 땅콩, 돼지고기, 우유, 간, 치즈, 녹황색 채소, 해조류, 생선, 달걀, 가금류의 흰살, 아보카도 등에 풍부하지만 대부분이 요리와 가공 과정에서 쉽게 파괴되고, 정제 과정에서 손실되기 때문에 가공하지 않은 식품을 선택하고 단순한 조리 공정으로 영양소 파괴를 최소화하는 것이 좋습니다.

비타민A

세포의 성장과 분화에 중요한 역할을 하며 항산화기능 및 눈 건강에 도움이 되는 영양소입니다. 비타민A의 동물성 급원 식품으로는 간, 고기, 치즈, 달걀 등이 있으며 녹황색 채소(당근, 호박, 시금치 등)와 해조류(김, 미역 등)에 많이 들어 있습니다. 녹황색 채소는 체내에서 비타민A의 전구체인 카로티노이드(carotinoid)의 형태로 존재합니다.

비타민C

철분 흡수에 도움이 될 뿐 아니라 음식이 에너지로 전환되는 것을 돕고, 피부와 뼈, 관절에서 콜라겐 생성을 도우며 항산화제 기능도 합니다. 비타민C는 감자, 고구마, 아스파라거스, 브로콜리, 피망, 케일, 시금치, 양배추, 꽃양배추, 토마토, 오렌지, 키위, 멜론, 딸기, 귤, 파파야, 사과 등 신선한 과일과 채소에 다량 함유되어 있습니다.

비타민E

불포화지방산의 산패를 막으며 혈관이나 뇌세포 형성을 활성화하는 비타민E는 지용성 비타민으로 부족하게 되면 기억력이 저하됩니다. 잣·땅콩·호두·아몬드와 같은 견과류, 해바라기씨, 호박씨, 식물성오일(참기름, 올리브유, 코코넛오일 등)에 많으며 시금치, 아보카도, 근대에도 소량 들어 있습니다.

철분(iron)

철분은 뇌의 집중력과 관련이 있는 신경호르몬의 보조 효소로 작용하기 때문에 부족할 경우 집중력이 떨어지고 학습 능력 및 지적 수행 능력, 체력, 감정 등에 영향을 미치며 질병에 대한 저항력을 떨어뜨리고 회복을 더디게 합니다. 또한 철분 결핍성 빈혈이 있는 아이들은 IQ도 떨어지는 것으로 알려져 있습니다. 철 섭취에 있어서 식품의 철 함량 뿐 아니라 흡수율도 잘 생각해야 합니다. 동물성 식품 즉, 육류에 함유된 헴철(heme iron)은 식물성 식품에 함유된 비헴철(nonheme iron)보다 흡수율이 높습니다. 그렇기 때문에 비헴철의 경우 비타민C가 풍부한 식품과 함께 섭취해 흡수율을 높이는 것이 좋습니다.

철분은 붉은 고기, 생선, 달걀노른자, 철분이 강화된 곡물과 시리얼, 말린 과일(건포도, 살구), 콩류(렌틸콩, 검은콩 등), 녹황색 채소, 해조류 등에 많이 들어있습니다.

칼슘(calcium)

칼슘은 단단한 뼈와 튼튼한 치아를 만들고 두뇌 발달에 중요한 역할을 하며 진정 효과와 지구력 향상에 도움을 줍니다. 칼슘이 풍부한 시품으로는 우유 및 유제품, 해조류(미역, 다시마, 김 등), 뼈째 먹는 생선(멸치, 뱅어포 등)이 있습니다. 우유 및 유제품의 유당(lactose)이나 카세인 포스포펩티드(casein phosphopeptides) 성분은 칼슘의 흡수율을 증진시키는 작용을 하기 때문에 칼슘의 체내이용률이 가장 높습니다. 하지만 유당불내증(lactose intolerance)이 있는 유아들은 우유를 섭취하지 못하기 때문에 유당분해우유(lacto free), 칼슘 강화 두유나 식품, 발효유 제품을 마시는 것이 좋으며 그 외에 칼슘을 많이 함유하고 있는 녹색잎 채소, 콩류, 견과류 등의 충분한 섭취가 필요합니다.

아연(zinc)

아연은 단백질 합성과 성장을 위한 필수 미네랄입니다. 돌 이전의 아기는 모유나 분유를 통해 아연을 충분히 공급받을 수 있지만 그 이후에는 추가적으로 섭취해야 합니다. 아연이 결핍될 경우 성장 장애나 면역저하 등의 부정적인 영향을 미칠 수 있으므로 해산물(새우, 굴, 꽃게, 조개 등)과 육류(쇠고기)의 충분한 섭취가 필요합니다.

요오드(iodine)

요오드는 갑상선 호르몬의 구성 성분이 되는 필수 무기질입니다. 갑상선 호르몬은 태아기 때부터 두뇌 발달에 필수적인 호르몬이며, 요오드 결핍은 뇌 손상과 지적 장애에 가장 대표적인 원인이 됩니다. 우리나라에서는 요오드 결핍이 드물지만 그래도 요오드가 많이 함유된 해조류(김, 미역, 다시마, 톳, 파래 등)나 바다 생선 및 해산물(오징어, 새우, 게 등) 등을 충분히 섭취하는 것이 좋습니다.

커큐민(curcumin)

카레 성분인 강황에 많이 들어있는 커큐민은 강한 항산화제로 뇌 손상으로부터 뇌를 보호해주는 역할을 합니다. 카레가루는 완료기 단계에 사용가능한 식재료이므로 카레생선구이, 카레라이스, 카레볶음밥 등 다양한 음식에 활용하면 아이들의 미각도 살리고 건강하게 뇌를 지킬 수 있습니다.

우리아이의 뇌가 최고의 기능을 할 수 있도록 균형 잡힌 건강한 이유식을 만들도록 합니다.

PART 1.
초기 이유식 (4~6개월)

초기 이유식(4~6개월)
우리 아기 입으로 먹는 첫 식사

욕심부리지 말고 천천히 한 가지 식품을 혀끝으로 기억할 수 있도록 도와주는 시기입니다. 이유식의 목적은 모유 또는 조제 우유(분유)의 부족한 영양을 채우는 것뿐만 아니라 성장하기 위해서 먹어야 할 음식과 친숙해지는 경험을 쌓는 시기라는 점을 항상 유념해야 합니다.

초기 이유식의 횟수 : 1일 1회(오전) + (6개월 이후) 간식 1회
초기 이유식의 양   : 평균 30 ~ 70g(잘 먹는 아기라면 6개월 이후부터는 하루 2회로 늘려도 좋습니다.)

초기 이유식 식사 스케줄 한눈에 알아보기

오전 7 ~ 12시	모유 or 분유	수유 횟수 4 ~ 6회 이유식 횟수 1회
	이유식 + 보충수유	
	모유 or 분유 (6개월 이후에는 간식을 1회 줄 수 있습니다.)	
오후 12시 ~ 잠들기 전	모유 or 분유	
	(모유 or 분유)	
	모유 or 분유	

초기 이유식 한 달 식단표

• 초기 이유식 식단표 짜기 TIP
  - 분유만 먹인 아기는 4개월부터 쌀미음을 시작할 수 있습니다. 쌀미음으로 시작해 채소 미음을 한두 달간 맛보여준 후 6개월(생후 180일)부터 쇠고기 미음을 시작하면 됩니다.
  - 모유만 먹인 아기는 보통 6개월부터 이유식을 시작하기 때문에 야채 미음을 다양하게 맛보지 못한 상태로 쇠고기 미음을 시작해야 할 수도 있습니다. 그렇기 때문에 5개월 보름쯤부터 쌀미음으로 시작해 채소 미음을 맛보여준 후 6개월부터 쇠고기 미음을 시작하는 것이 좋습니다.
  - 처음에는 쌀미음을 3~5일 정도 먹이고 그 후부터 새로운 식재료를 추가해 3일 간격으로 먹이며 식품 알레르기 반응이 있는지 살펴봅니다.

6개월(생후 180일) 초기 이유식 식단표

SUN	MON	TUE	WED	THU	FRI	SAT
		1 브로콜리 미음 (p.40)	2	3	4 애호박 미음 (p.32)	5
6	7 완두콩 미음 (p.42)	8	9	10 쇠고기 미음 (p.44)	11	12
13 쇠고기 시금치 미음 (p.46)	14	15	16 쇠고기 콜리플라워 미음 (p.48)	17	18	19 쇠고기 비타민 미음 (p.50)
20	21	22 쇠고기 청경채 미음 (p.52)	23	24	25 닭고기 미음 (p.54)	26
27	28 닭고기 당근 미음 (p.56)	29	30			

 # 쌀 미음

멥쌀은 위에 부담을 주지 않기 때문에 이이에게 가장 처음 맛보여주기 적합한 식재료입니다. 대표적인 탄수화물 식품인 멥쌀은 뇌의 원활한 활동을 도와주며 필수 아미노산인 라이신(lysine)이 풍부하여 성장 발육 촉진, 두뇌 발달, 기억력 개선에 도움을 줍니다. 또한 비타민B의 함량도 높아 첫 이유식으로 안성맞춤입니다.

요리시간 : 12분
총 열량 : 52kcal

재료
- 불린 쌀 20g
- 물 200~300ml

TIP

멥쌀 미음을 3일 정도 먹였다면 찹쌀 미음을 먹이는 것도 좋습니다. 찹쌀은 소화가 잘될 뿐 아니라 위벽을 자극하지 않고 위장을 보호하며 몸을 따뜻하게 합니다. 단, 찹쌀은 멥쌀보다 찰기가 있으므로 물을 조금 더 넉넉하게 넣어 너무 되지 않도록 합니다.

1. 불린 쌀과 물 50ml를 믹서에 넣고 곱게 갑니다.

2. 냄비에 1과 분량의 남은 물을 모두 넣고 중불에서 8~10분간 저으며 끓입니다.

3. 주걱을 들어 올렸을 때 주르륵 떨어지는 농도가 되면 불을 끄고 뚜껑을 덮어 1~2분간 뜸을 들입니다.

4. 한 김 식힌 미음을 고운 체에 내리면 완성입니다.

 # 감자 미음

감자는 부드럽고 소화가 잘되며, 철분과 비타민C 또한 풍부해서 초기 이유식에 아주 적합한 식품입니다. 특히 감자에 들어있는 비타민C는 열에 강하기 때문에 조리 시 영양 손실이 적어 중기나 후기 이유식에도 다양하게 사용할 수 있습니다.

요리시간 : 20분
총 열량 : 62kcal

재료
- 불린 쌀 20g
- 감자 20g
- 물 250~300ml

TIP
감자를 쪄서 으깨는 과정이 귀찮다면 쌀과 함께 갈아서 이유식을 만들어도 좋습니다. 하지만 감자에는 전분이 많기 때문에 이유식을 만들 때 물의 양을 조금 더 넉넉하게 잡아야 식었을 때 농도를 맞추기 수월합니다.

1. 불린 쌀과 물 50ml를 믹서에 넣고 곱게 갑니다.

2. 감자는 전자레인지에 2분간 익혀 곱게 으깹니다.

3. 냄비에 1과 분량의 남은 물을 모두 넣고 7~8분간 끓이다가, 2를 넣어 약불에서 5~6분간 뭉근하게 끓입니다.

4. 한 김 식힌 미음을 고운 체에 내리면 완성입니다.

애호박 미음

비타민A와 B·C가 풍부한 애호박은 익혔을 때 소화 흡수율이 좋아 처음 이유식을 시작하는 단계에서 사용하기 좋은 식재료입니다. 또한 애호박에는 레시틴(lecithin)이 들어 있어 기억력 향상 및 두뇌 발달에 도움이 됩니다.

요리시간 : 15분
총 열량 : 55kcal

재료
- 불린 쌀 20g
- 애호박 20g
- 물 200~300ml

TIP
초기 이유식에서는 애호박의 껍질을 제거한 후 사용하지만, 중기 이유식부터는 전부 사용해도 좋습니다. 하지만 덜 익힐 경우 풋내가 나기 때문에 반드시 푹 익혀서 먹이도록 합니다.

1 불린 쌀과 물 50ml를 믹서에 넣고 곱게 갑니다.

2 애호박은 껍질을 얇게 벗겨내고 분쇄기에 넣어 곱게 다집니다.

3 냄비에 1과 분량의 남은 물을 모두 넣고 끓기 시작하면 2를 넣어 중불에서 10분간 끓입니다.

4 한 김 식힌 미음을 고운 체에 내리면 완성입니다.

 ## 고구마 미음

고구마의 달콤함이 미음에 고스란히 남겨 아기들이 참 좋아하는 이유시입니다. 고구마는 탄수화물이 풍부하고 칼슘을 비롯해 비타민A·B·C의 함량이 높은데 특히, 비타민C는 뇌로 혈액이 공급될 수 있도록 도와주는 영양소로 아기들의 두뇌 발달에 꼭 필요합니다.

요리시간 : 20분
총 열량 : 72kcal

재료
- 불린 쌀 20g
- 고구마 20g
- 물 250~300ml

TIP
초기 이유식 단계에서 고구마는 미음은 물론, 간식으로도 다양하게 사용되므로 2~3번 먹을 분량으로 나눠 삶거나 구운 뒤 냉동 보관하면 다음에 사용하기 편리합니다.

1 불린 쌀과 물 50ml를 믹서에 넣고 곱게 갑니다.

2 고구마는 전자레인지에 2분간 익혀 곱게 으깹니다.

3 냄비에 1과 분량의 남은 물을 모두 넣고 7~8분간 끓이다가, 2를 넣어 약불에서 5~6분간 뭉근하게 끓입니다.

4 한 김 식힌 미음을 고운 체에 내리면 완성입니다.

 ## 단호박 미음

노란 단호박에는 카로티노이드(carotinoid) 중 베타카로틴(β-carotene)이 매우 풍부합니다. 또한 비타민B와 C가 많이 함유되어 있어 면역력 증가 및 두뇌 건강, 성장 발달에 큰 도움이 됩니다. 단호박은 여름에 나오지만 늦가을까지 숙성시키면 조직이 단단해지고 단맛도 더 높아집니다.

요리시간 : 20분
총 열량 : 60kcal

재료
- 불린 쌀 20g
- 단호박 20g
- 물 200~300ml

TIP
단호박의 껍질은 매우 단단하기 때문에 전자레인지에 푹 익힌 후 제거하는 것이 더 간편합니다. 또한 단호박과 브로콜리를 쪄서 곱게 간 뒤, 퓨레로 만들면 맛있는 간식이 됩니다.

1. 불린 쌀과 물 50ml를 믹서에 넣고 곱게 갑니다.

2. 단호박은 전자레인지에 4분간 익힌 뒤, 껍질을 벗기고 곱게 으깹니다.

3. 냄비에 1과 분량의 남은 물을 모두 넣고 끓기 시작하면 2를 넣어 중불에서 13분간 끓입니다.

4. 한 김 식힌 미음을 고운 체에 내리면 완성입니다.

오이 미음

오이는 수분 함량이 많고 알레르기를 일으키지 않아 초기 이유식에 적합하며 비타민C와 무기질이 풍부한 알칼리성 식품입니다. 간혹 오이의 강한 향 때문에 편식을 하는 아기들이 있는데, 초기 이유식 단계에서부터 오이의 향과 맛을 충분히 느낄 수 있도록 도와주면 편식을 예방할 수 있습니다.

요리시간 : 15분
총 열량 : 54kcal

재료
- 불린 쌀 20g
- 오이 20g
- 물 200~300ml

TIP
비타민C는 열에 의해 쉽게 파괴되므로 오이 미음을 끓일 경우에는 생으로 갈아서 넣고, 너무 오래 끓이지 않는 것이 좋습니다.

1 불린 쌀과 물 50ml를 믹서에 넣고 곱게 갑니다.

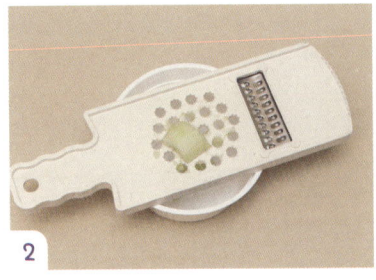

2 오이는 껍질과 씨 부분을 도려내고 강판에 갈아서 준비합니다.

3 냄비에 1과 분량의 남은 물을 모두 넣고 중불에서 6~7분간 끓이다가, 2를 넣어 3분간 뭉근하게 끓입니다.

4 한 김 식힌 미음을 고운 체에 내리면 완성입니다.

 ## 브로콜리 미음

브로콜리는 베타카로틴(β carotene) 등의 항산화물질이 풍부하며 칼슘과 비타민C가 많아 뼈 건강에 도움이 됩니다. 또한 오메가-3지방산을 함유하고 있는 몇 안 되는 식물성 식품 중 하나로 두뇌 발달에 좋습니다.

요리시간 : 12분
총 열량 : 57kcal

재료
- 불린 쌀 20g
- 브로콜리 20g
- 물 200~300ml

TIP
브로콜리의 줄기 부분은 섬유질이 많아 질기기 때문에 꽃송이 부분만 잘라서 사용하는 것이 좋습니다.

1. 불린 쌀과 물 50ml를 믹서에 넣고 곱게 갑니다.

2. 브로콜리는 줄기를 제거하고 꽃송이 부분만 끓는 물에 넣어 3분간 익힙니다.

3. 삶은 브로콜리를 분쇄기에 넣고 최대한 곱게 갑니다.

4. 냄비에 1과 분량의 남은 물을 모두 넣고 끓기 시작하면 3을 넣어 중불에서 7분간 끓입니다.

5. 한 김 식힌 미음을 고운 체에 내리면 완성입니다.

 ## 완두콩 미음

부드러우면서도 특유의 단맛이 있어 어떤 식재료와도 잘 어울리는 완두콩은 단백질, 탄수화물 그리고 두뇌 활동에 도움을 주는 비타민 B_1이 아주 풍부합니다. 완두콩 미음은 콩의 풍부한 단백질과 쌀의 탄수화물이 상호보완을 이루기 때문에 영양적인 면에서 시너지 효과가 있습니다.

요리시간 : 20분
총 열량 : 75kcal

🍚 재료
- ☐ 불린 쌀 20g
- ☐ 완두콩 20g
- ☐ 물 200~300ml

📍TIP
완두콩은 6월이 제철이지만 나오는 시기가 굉장히 짧기 때문에 제철에 넉넉히 구매해두는 것이 좋습니다. 완두콩을 깨끗하게 세척한 뒤 물기를 제거해 1회 분량씩 지퍼백에 담아 냉동 보관하면 사용하기 편리합니다.

1
불린 쌀과 물 50ml를 믹서에 넣고 곱게 갑니다.

2
완두콩은 끓는 물에 5분간 삶아 껍질을 제거하고 숟가락으로 곱게 으깹니다.

3
냄비에 1과 분량의 남은 물을 모두 넣고 중불에서 6~7분간 끓이다가, 2를 넣고 5분간 뭉근하게 끓입니다.

4
한 김 식힌 미음을 고운 체에 내리면 완성입니다.

 쇠고기 미음

생후 6개월이 되는 시점부터는 체내의 철분 저장량이 고갈되기 때문에 이유식을 통해 철분을 보충해야 합니다. 쇠고기는 철분 함량이 높은 식품으로 유아기 뇌의 집중력 향상을 위해 다양한 채소와 함께 건강한 이유식을 만들어 주는 것이 좋습니다.

요리시간 : 30분
총 열량 : 81kcal

📷 재료
- 불린 쌀 20g
- 쇠고기 안심 15g
- 물 200~300ml

🧤 TIP
- 쇠고기 삶은 물은 한 김 식힌 후 불순물을 제거해 육수로 사용해도 좋습니다.
- 3번 과정에서 쇠고기를 곱게 갈지 않으면 체에 거를 때 버리는 양이 많아지기 때문에 최대한 곱게 갈아서 사용합니다.

1. 불린 쌀과 물 50ml를 믹서에 넣고 곱게 갑니다.

2. 쇠고기 안심은 찬물에 10분 정도 담가 핏물을 제거한 뒤 냄비에 넣고 삶습니다.

3. 삶은 쇠고기 안심과 물 50ml를 믹서에 넣고 최대한 곱게 갑니다.

4. 냄비에 1과 3을 넣고 분량의 남은 물을 모두 넣어 중불에서 10분간 끓입니다.

5. 미음이 주르륵 떨어지는 농도가 되면 불을 끄고 뚜껑을 덮어 1~2분간 뜸을 들입니다.

6. 한 김 식힌 미음을 고운 체에 내리면 완성입니다.

 ## 쇠고기 시금치 미음

시금치는 엽산과 비타민A·C, 철분의 함량이 매우 높은 식품으로 두뇌 발달에 좋은 식재료입니다. 특히 엽산은 아미노산 대사와 합성에 필수적인 조효소 역할을 하기 때문에 쇠고기와 함께 섭취하면 아기의 뇌와 신경계 발달에 많은 도움이 됩니다.

요리시간 : 30분
총 열량 : 87kcal

재료
- 불린 쌀 20g
- 쇠고기 안심 15g
- 시금치 20g
- 물 200~300ml

TIP

시금치 한 단을 구입하면 양이 많기 때문에 한 번에 데쳐서 1회 분량씩 소분해 냉동 보관하면 편리합니다. 냉동한 식재료는 오랫동안 보관이 가능하지만 가급적 한 달 이내에 사용하는 것이 좋습니다.

1. 불린 쌀과 물 50ml를 믹서에 넣고 곱게 갑니다.

2. 쇠고기 안심은 찬물에 10분 정도 담가 핏물을 제거하고 삶은 뒤 물 50ml를 넣고 곱게 갑니다.

3. 시금치는 뿌리와 줄기 부분을 잘라내고 잎만 데쳐서 칼로 아주 곱게 다집니다.

4. 냄비에 1과 2를 넣고 분량의 남은 물을 모두 넣어 중불에서 7~8분간 끓입니다.

5. 3을 넣고 3~4분간 끓인 후, 불을 끄고 뚜껑을 덮어 1~2분간 뜸을 들입니다.

6. 한 김 식힌 미음을 고운 체에 내리면 완성입니다.

쇠고기 콜리플라워 미음

철분 함량이 높은 쇠고기와 찹쌀, 그리고 비타민C가 풍부한 콜리플라워의 만남으로 아기의 집중력을 높이고 IQ 향상에 도움을 주는 이유식입니다. 찹쌀 특유의 찰지고 부드러운 식감으로 아기들이 거부감 없이 즐길 수 있습니다.

요리시간 : 25분
총 열량 : 87kcal

재료
- 불린 찹쌀 20g
- 쇠고기 안심 15g
- 콜리플라워 20g
- 물 200~300ml

TIP
초기 이유식 후반에 해당하는 6개월 이후부터는 체에 내리지 않고 그대로 먹이도록 합니다. 미세하고 고운 입자를 혀에서 느낄 수 있도록 도와주면 아기가 새로운 식품을 습득하기 전에 좋은 경험을 할 수 있습니다.

1 불린 찹쌀과 물 50ml를 믹서에 넣고 곱게 갑니다.

2 쇠고기 안심은 찬물에 10분 정도 담가 핏물을 제거해 삶은 뒤, 분쇄기에 넣고 최대한 곱게 다집니다.

3 콜리플라워는 꽃송이 부분만 잘라 끓는 물에 2분간 삶은 뒤, 분쇄기에 넣고 최대한 곱게 다집니다.

4 냄비에 1과 분량의 남은 물을 모두 넣고 중불에서 5~6분간 끓입니다.

5 2와 3을 넣고 약불에서 15분간 뭉근하게 끓이면 완성입니다.

 ## 쇠고기 비타민 미음

비타민은 잎이 여리고 부드러워 초기 이유식에 사용하기 굉장히 좋은 식재료입니다. 특히 비타민C와 철분이 매우 풍부하며 베타카로틴(β-carotene)이 시금치의 2배나 되기 때문에 뇌와 신경계 발달을 위해 영·유아기에 충분히 섭취하면 도움이 됩니다.

요리시간 : 25분
총 열량 : 84kcal

재료
- 불린 쌀 20g
- 소고기 안심 15g
- 비타민 20g
- 물 200~300ml

TIP
비타민은 사용할 분량만 세척하고, 남은 건 그대로 비닐백에 담아 냉장 보관하는 것이 좋습니다.

1 불린 쌀과 물 50ml를 믹서에 넣고 곱게 갑니다.

2 쇠고기 안심은 찬물에 10분 정도 담가 핏물을 제거한 뒤 냄비에 넣고 삶습니다.

3 삶은 쇠고기 안심을 분쇄기에 넣고 최대한 곱게 다집니다.

4 비타민은 줄기를 제거하고 잎 부분만 끓는 물에 1분 정도 데친 뒤 칼로 곱게 다져 준비합니다.

5 냄비에 1과 3을 넣고 분량의 남은 물을 모두 넣어 중불에서 5~6분간 끓입니다.

6 4를 넣고 약불에서 15분간 뭉근하게 끓이면 완성입니다.

쇠고기 청경채 미음

청경채는 비타민A와 C 그리고 칼슘의 함량이 매우 높은 식품입니다. 특히 면역체계를 향상시켜주는 베타카로틴(β-carotene)이 풍부해 필수 아미노산 함량이 높은 쇠고기와 함께 섭취할 경우 시너지 효과를 가져옵니다.

요리시간 : 30분
총 열량 : 83kcal

🍲 **재료**
- 불린 쌀 20g
- 쇠고기 안심 15g
- 청경채 20g
- 물 200~300ml

💡 **TIP**
- 청경채를 비롯한 잎채소는 초기 이유식뿐만 아니라 중기, 후기에도 많이 사용되는 식재료이기 때문에 넉넉히 데쳐서 용도에 맞게 썰어 냉동 보관하면 이유식 만들기가 훨씬 수월해집니다.
- 청경채를 손질하고 남은 줄기 부분은 버리지 말고 어른들 음식 재료로 활용합니다.

1. 불린 쌀과 물 50ml를 믹서에 넣고 곱게 갑니다.

2. 쇠고기 안심은 찬물에 10분 정도 담가 핏물을 제거해 삶은 뒤, 분쇄기에 넣고 최대한 곱게 다집니다.

3. 청경채의 줄기 부분은 잘라버리고 잎만 데쳐서 칼로 아주 곱게 다집니다.

4. 냄비에 1과 2를 넣고 분량의 남은 물을 모두 넣어 중불에서 7~8분간 끓입니다.

5. 3을 넣고 5분간 뭉근하게 끓이다가 불을 끄고 뚜껑을 덮어 1~2분간 뜸을 들이면 완성입니다.

 ## 닭고기 미음

영·유아기 때의 필수 아미노산 섭취는 근육 형성뿐만 아니라 두뇌 발달에도 매우 중요한 요소입니다. 닭고기는 메티오닌(methionine) 등의 필수 아미노산이 쇠고기보다 높으며 비타민B군과 C의 함량도 우수한 식품입니다.

요리시간 : 25분
총 열량 : 67kcal

재료
- 불린 쌀 20g
- 닭고기 안심 15g
- 물 200~300ml

TIP
- 닭고기 안심 대신 닭가슴살을 사용하는 것도 좋습니다.
- 닭고기를 삶을 때 양파를 넣고 삶으면 특유의 누린 내를 제거할 수 있고, 고기 삶은 물을 육수로 사용할 수도 있습니다.

1 불린 쌀과 물 50ml를 믹서에 넣고 곱게 갑니다.

2 닭고기 안심은 끓는 물에 2분간 삶은 뒤, 분쇄기에 넣고 최대한 곱게 다집니다.

3 냄비에 1과 분량의 남은 물을 모두 넣고 중불에서 5~6분간 끓입니다.

4 2를 넣고 약불에서 10분간 뭉근하게 끓이다가 불을 끄고 1~2분간 뜸을 들이면 완성입니다.

 # 닭고기 당근 미음

당근의 대표 영양소인 카로틴(carotene)은 체내 세포가 손상되는 것을 막고 세포를 보호하는 데 중요한 역할을 하기 때문에 급성장하는 영·유아기에 매우 유익한 식품입니다. 익히면 단맛이 나는 당근은 닭고기와 궁합이 아주 좋습니다.

요리시간 : 25분
총 열량 : 72kcal

📷 재료
- ☐ 불린 쌀 20g
- ☐ 닭고기 안심 15g
- ☐ 당근 20g
- ☐ 물 200~300ml

💡TIP

완성된 죽의 당근 덩어리가 조금 크다면 핸드블렌더를 이용해 곱게 갈아줍니다.

1 불린 쌀과 물 50ml를 믹서에 넣고 곱게 갑니다.

2 끓는 물에 2분간 삶은 닭고기 안심과 깨끗하게 씻어 데친 당근을 분쇄기에 넣고 최대한 곱게 다집니다.

3 냄비에 1과 분량의 남은 물을 모두 넣고 중불에서 5~6분간 끓입니다.

4 2를 넣고 약불에서 15분간 뭉근하게 끓이다가 불을 끄고 뚜껑을 덮어 1~2분간 뜸을 들이면 완성입니다.

간식

 # 배즙

배는 소화기능이 미숙한 영아기에 적합한 식품으로 자극직이지 않고 단맛이 있어 초기 이유식 후반기부터 간식으로 주기 아주 좋습니다. 특히 비타민C가 풍부하기 때문에 철분 흡수를 도와주며 두뇌 발달에 영향을 줍니다.

요리시간 : 10분
총 열량 : 43kcal

재료
- 배 1/4개
  (껍질과 씨 제거 후 100g)

TIP
처음 과일을 줄 때는 데친 후 갈아서 먹이지만 7개월이 되는 시점부터는 생으로 갈아 건더기를 조금씩 먹여도 좋습니다. 단, 이유식을 먹이기 전에 단맛이 강한 과일즙을 먼저 주면 이유식을 거부할 수 있으니 꼭 이유식을 마치고 간식을 주도록 합니다.

1 분량의 배는 껍질과 씨를 제거하고 끓는 물에 넣어 3분간 데칩니다.

2 데친 배를 충분히 식힌 후 강판에 곱게 갑니다.

3 곱게 간 배를 고운 체에 걸러 즙만 담으면 완성입니다.

간식

사과즙

비타민C가 배보다 10배 이상 높은 사과는 항산화물질 및 유기산을 다량 함유하고 있습니다. 아기가 좋아하지 않는 식재료를 사용하여 이유식을 만들 때 사과를 첨가하면 향긋한 단맛 때문에 아기들이 가리지 않고 잘 먹습니다.

요리시간 : 10분
총 열량 : 49kcal

재료
- 사과 1/2개
  (껍질과 씨 제거 후 100g)

TIP
익힌 사과를 강판에 가는 일이 조금 번거롭긴 하지만 한 번 데치고 나면 갈변이 되지 않아 사과 고유의 색을 간직할 수 있습니다.

1

분량의 사과는 껍질과 씨를 제거하고 끓는 물에 넣어 3분간 데칩니다.

2

데친 사과를 충분히 식힌 후 강판에 곱게 갑니다.

3

곱게 간 사과를 고운 체에 걸러 즙만 담으면 완성입니다.

간식

감자 완두콩 퓨레

비타민C가 풍부한 감자와 단백질 함량이 높은 완두콩의 조합은 영양 밸런스뿐만 아니라 맛 또한 아주 좋습니다. 단맛이 강하지 않아 이유식 초반에 줄 수 있는 영양 간식입니다.

요리시간 : 15분
총 열량 : 127kcal

재료
- 감자 140g(중간사이즈 1개)
- 완두콩 50g
- 물 1큰술
  (농도 맞추는 정도)

TIP
- 감자를 전자레인지로 익힐 경우에는 전용 용기에 물을 조금 넣어 뚜껑을 닫고 익힙니다.
- 감자의 양에 따라 익는 시간도 달라지니 익는 정도에 따라 시간을 조절합니다.
- 완두콩은 고구마, 당근과도 잘 어울리는 식재료이므로 다양한 식품과 섞어가며 맛의 변화를 주는 것도 좋습니다.

1. 완두콩은 6분간 삶아 껍질을 벗기고, 감자는 전자레인지에 5분간 익혀 준비합니다.

2. 삶은 감자와 완두콩을 믹서에 넣고 갈면서 물을 조금씩 부어 농도를 맞춥니다.

3. 감자와 완두콩이 곱게 갈리고 농도가 어느 정도 맞으면 완성입니다.

간식

군고구마 브로콜리 퓨레

불에 구워시 달콤힌 맛이 매가 된 군고구마에 비타민A·B·C가 풍부한 브로콜리와 콜리플라워를 넣어 부드러운 퓨레를 만들었습니다. 한번 만들어 놓으면 이유식 섭취가 부족한 아기에게는 한 끼 식사가, 잘 먹는 아기에게는 영양 만점 간식이 됩니다.

요리시간 : 30분
총 열량 : 145kcal

재료
- 군고구마 100g
- 브로콜리 30g
- 콜리플라워 30g
- 물 1큰술
  (농도 맞추는 정도)

TIP
군고구마를 사용하면 맛이 더 좋지만 시간적 여유가 없을 경우에는 찜기에 쪄서 사용해도 좋습니다.

1
고구마는 직화냄비 또는 오븐에 20분간 굽고, 브로콜리와 콜리플라워는 끓는 물에 넣어 5분간 삶아 준비합니다.

2
군고구마와 삶은 브로콜리, 콜리플라워를 믹서에 넣고 갈면서 물을 조금씩 부어 농도를 맞춥니다.

3
재료들이 곱게 갈리고 농도가 어느 정도 맞으면 완성입니다.

간식

# 바나나 검은콩 퓨레

검은콩은 대표적인 블랙푸드로 두뇌 발달에 도움이 되는 필수 아미노산을 가지고 있습니다. 비타민C와 식이섬유소가 풍부하고 단맛이 많은 바나나와 함께 사용하면 맛과 풍미가 좋아집니다.

요리시간 : **40분**
총 열량 : **114kcal**

🛒 재료
- 바나나 50g
- 불린 검은콩 30g
  (마른 콩 18g)

💡TIP
바나나를 믹서에 갈 때, 레몬즙을 조금 넣으면 갈변을 예방할 수 있습니다.

1

분량의 바나나를 준비하고 검은콩은 6시간 이상 불린 다음 껍질을 벗겨 손으로 으깨질 정도로 푹 삶아 준비합니다.

2

바나나와 검은콩을 믹서에 넣고 최대한 곱게 갑니다.

3

바나나와 검은콩이 곱게 갈리면 완성입니다.

PART 2.
중기 이유식
(7~9개월)

중기 이유식(7~9개월)
하루에 두 번 이유식 먹기

아기의 성장이 매우 빨라지는 시기입니다. 하나, 둘 올라오는 이와 잇몸으로 오물거리며 음식의 식감을 느낄 수 있도록 부드러운 죽의 형태로 이유식을 만들도록 합니다. 아기의 섭취 적응력에 따라 죽의 농도(잘 먹는 아기라면 7~8배의 묽은 죽에서 5배의 되직한 죽으로 서서히 진행)와 질감의 변화를 주는 것도 좋습니다.

중기 이유식 횟수 : 1일 2회(오전/오후) + 간식 1~2회
중기 이유식 양   : 평균 70 ~ 120g(잘 먹는 아기라면 9개월 이후부터는 하루 3회로 늘려도 좋습니다.)

중기 이유식 식사 스케줄 한눈에 알아보기

	모유 or 분유	
오전 7 ~ 12시	이유식 + 보충수유	
	간식	수유 횟수 3~5회
오후 12시 ~ 잠들기 전	이유식 + 보충수유	
	(간식)	이유식 횟수 2회
	모유 or 분유 (잘 먹는 아기라면 9개월 이후 이유식 + 보충수유가 가능합니다.)	
	모유 or 분유	

중기 이유식 한 달 식단표

- **중기 이유식 식단표 짜기 TIP**
  - 중기 이유식부터는 엄마의 상황(직장을 다니는 엄마 or 집에서 아기를 돌보는 엄마)이나 아기의 이유식 섭취 적응력에 따라 식단표를 달리 작성하면 좋습니다.
  - Type A는 한번에 2가지 이유식을 만들어 3일 간격으로 새로운 이유식을 추가하는 방법입니다. 이유식을 잘 먹는 아이나 매일 이유식을 만들기 어려운 상황일 경우에 좋습니다.
  - Type B는 한번에 1가지 이유식을 매일 만들어 새로운 이유식을 하나씩 추가해 교차해서 주는 방법입니다. 입맛이 까다로워 한 끼 이상 같은 이유식을 먹지 않는 아이인 경우에 도움이 되며 매끼 다양한 영양소를 섭취할 수 있는 방법이라 더욱 추천하는 식단표입니다.
  - 하루에 한 끼는 육류(쇠고기, 닭고기)가 들어가는 이유식을 준비하도록 합니다.

Type A. 중기 이유식 식단표

SUN	MON	TUE	WED	THU	FRI	SAT
		1 소고기 양배추 죽 (p.74) 차조 느타리버섯 죽(p.78)	2	3	4 소고기 아욱 죽 (p.76) 현미 단호박 죽 (p.80)	5
6	7 수수 배추 죽 (p.82) 연두부 밤 죽 (p.84)	8	9	10 강낭콩 소고기 죽 (p.86) 애호박 새송이버섯 죽 (p.92)	11	12
13 검은콩 닭고기 죽 (p.88) 표고버섯 무 죽 (p.94)	14	15	16 적양배추 소고기 죽(p.96) 검은콩 양송이버섯 죽(p.90)	17	18	19 근대 파프리카 죽 (p.98) 케일 사과 죽 (p.102)
20	21	22 비트 닭고기 죽 (p.100) 대구살 브로콜리 죽(p.104)	23	24	25 미역 소고기 죽 (p.106) 달걀노른자 감자 죽(p.110)	26
27	28 김 케일 죽 (p.108) 밤 비트 죽 (p.112)	29	30			

Type B. 중기 이유식 식단표

* 🟧 글씨: 새롭게 추가하는 죽

SUN	MON	TUE	WED	THU	FRI	SAT
		1 쇠고기 양배추 죽 (p.74) 차조 느타리버섯 죽(p.78)	2 차조 느타리버섯 죽 쇠고기 양배추 죽	3 쇠고기 양배추 죽 현미 단호박 죽 (p.80)	4 차조 느타리버섯 죽 현미 단호박 죽	5 쇠고기 아욱 죽 (p.76) 현미 단호박 죽
6 연두부 밤 죽 (p.84) 쇠고기 아욱 죽	7 수수 배추 죽 (p.82) 쇠고기 아욱 죽	8 연두부 밤 죽 수수 배추 죽	9 연두부 밤 죽 강낭콩 쇠고기 죽 (p.86)	10 수수 배추 죽 강낭콩 쇠고기 죽	11 애호박 새송이버섯 죽(p.92) 강낭콩 쇠고기 죽	12 표고버섯 무 죽 (p.94) 애호박 새송이버섯 죽
13 표고버섯 무 죽 애호박 새송이버섯 죽	14 검은콩 닭고기 죽 (p.88) 표고버섯 무 죽	15 검은콩 닭고기 죽 적양배추 쇠고기 죽(p.96)	16 검은콩 닭고기 죽 적양배추 쇠고기 죽	17 근대 파프리카 죽 (p.98) 적양배추 쇠고기 죽	18 케일 사과 죽 (p.102) 근대 파프리카 죽	19 검은콩 양송이버섯 죽(p.90) 근대 파프리카 죽
20 케일 사과 죽 검은콩 양송이버섯 죽	21 케일 사과 죽 비트 닭고기 죽 (p.100)	22 검은콩 양송이버섯 죽 대구살 브로콜리 죽(p.104)	23 비트 닭고기 죽 대구살 브로콜리 죽	24 비트 닭고기 죽 미역 쇠고기 죽 (p.106)	25 대구살 브로콜리 죽 미역 쇠고기 죽	26 달걀노른자 감자 죽(p.110) 미역 쇠고기 죽
27 밤 비트 죽 (p.112) 달걀노른자 감자 죽	28 김 케일 죽 (p.108) 달걀노른자 감자 죽	29 밤 비트 죽 김 케일 죽	30 밤 비트 죽 차조 느타리버섯 죽			

 ### 쇠고기 양배추 죽

비타민B₁과 C가 풍부한 양배주는 쇠고기와 궁합이 아주 좋습니다. 이유식 초기 단계부터 사용할 수 있는 양배추는 위를 편안하게 해주고 익혔을 때 단맛이 나서 아기들이 거부감 없이 즐길 수 있습니다.

요리시간 : 30분
총 열량 : 96kcal

재료
- 불린 쌀 20g
- 쇠고기 20g
- 양배추 20g
- 물 200~300ml

TIP
중기 이유식부터는 쌀의 입자를 거칠게 갈아 사용하기 때문에 충분히 끓여 익히는 것이 중요합니다.

1. 불린 쌀과 물 50ml를 믹서에 넣고 쌀의 입자가 있게끔 거칠게 갑니다.

2. 양배추는 끓는 물에 살짝 데쳐서 분쇄기에 넣고 곱게 다집니다.

3. 쇠고기는 핏물을 빼고 끓는 물에 3분간 삶은 뒤 분쇄기로 곱게 다집니다.

4. 냄비에 1과 분량의 남은 물을 넣고 끓기 시작하면 2와 3을 넣어 약불에서 15분간 끓인 뒤 불을 끄고 뚜껑을 덮어 1~2분간 뜸을 들이면 완성입니다.

 쇠고기 아욱 죽

아욱은 비타민A와 칼슘 함량이 높은 식품으로 영·유아기의 성장 및 두뇌 발달에 도움이 됩니다. 아욱을 사용할 때는 섬유질이 강한 줄기 부분은 제거하고 부드러운 잎 부분만 데 쳐서 사용하는 것이 좋습니다.

요리시간 : 30분
총 열량 : 97kcal

재료
- 불린 쌀 20g
- 아욱 20g
- 쇠고기 20g
- 물 200~300ml

TIP
모든 이유식의 식재료는 가급적 제철 채소를 이용하는 것이 영양적으로도 좋고 가격도 저렴합니다. 아욱 및 근대는 여름이 제철이기 때문에 혹시 이유식을 준비하는 시기가 겨울이라면 시금치로 대체해도 좋습니다.

1. 불린 쌀과 물 50ml를 믹서에 넣고 쌀의 입자가 있게끔 거칠게 갑니다.

2. 아욱은 끓는 물에서 1분간 데친 후 찬물에 헹궈 물기를 짜고, 칼로 아주 곱게 다집니다.

3. 쇠고기는 핏물을 빼고 끓는 물에 3분간 삶은 뒤 분쇄기로 곱게 다집니다.

4. 냄비에 1과 분량의 남은 물을 넣고 5분간 끓이다가 2와 3을 넣어 중불에서 15분간 끓인 뒤 불을 끄고 뚜껑을 덮어 1~2분간 뜸을 들이면 완성입니다.

차조 느타리버섯 죽

찰기를 가지고 있는 차조는 비타민과 무기질이 풍부한 식재료입니다. 중기 이유식 초기에 접할 수 있는 잡곡으로 쌀과 함께 섞어서 섭취하면 티아민(thiamin), 철분 등의 영양이 배가 되어 두뇌 발달에 도움을 줍니다. 처음 차조를 사용할 때는 충분히 불려 쌀과 함께 갈아서 사용하는 것이 좋습니다.

요리시간 : 40분
총 열량 : 107kcal

재료
- 불린 쌀 20g
- 불린 차조 5g
- 느타리버섯 20g
- 쇠고기 20g
- 브로콜리 10g
- 물 300~400ml

함께하면 좋은 채소 - 애호박

TIP
중기 이유식부터는 차조이외에 잡곡(현미, 수수 등)의 섭취가 가능합니다. 하지만 너무 과하게 사용할 경우 아기의 위에 부담을 줄 수 있으므로 소량씩 사용하여 아기의 적응력을 관찰하도록 합니다.

1
불린 쌀과 차조, 물 50ml를 믹서에 넣고 쌀의 입자가 있게끔 거칠게 갑니다.

2
느타리버섯은 적당히 자르고 브로콜리는 데친 뒤 분쇄기에 넣어 곱게 다집니다.

3
쇠고기는 핏물을 빼고 끓는 물에 3분간 삶은 뒤 분쇄기로 곱게 다집니다.

4
냄비에 1과 분량의 남은 물을 넣고 5분간 끓이다가 2와 3을 넣고 중불에서 20분간 끓인 뒤 불을 끄고 뚜껑을 덮어 1~2분간 뜸을 들이면 완성입니다.

 ### 현미 단호박 죽

현미는 백미에 비하여 지방, 단백질, 비타민B_1·B_2가 풍부합니다. 아직 소화기관의 발달이 미숙한 단계이지만 잘 불린 현미를 이용해 죽을 가끔 만들어 주면 백미에 부족한 영양소를 보충할 수 있어 도움이 됩니다. 또한 현미에는 필수 지방산이 들어있기 때문에 영·유아기 두뇌 발달에도 좋습니다.

요리시간 : 30분
총 열량 : 91kcal

재료
- 불린 쌀 20g
- 불린 현미 5g
- 닭 안심 20g
- 단호박 20g
- 콜리플라워 10g
- 물 300~400ml

TIP
현미는 최소 6시간 이상 불려서 사용하는 것이 좋기 때문에 전날에 미리 씻어서 불렸다가 다음날 아침에 이유식을 만들면 편리합니다. 만약 여유가 없어서 현미를 오래 불리지 못했다면 현미만 따로 믹서에 곱게 갈아서 사용해도 좋습니다.

1 불린 쌀과 현미, 물 50ml를 믹서에 넣고 쌀의 입자가 있게끔 거칠게 갑니다.

2 닭 안심은 끓는 물에 2분간 삶아 식힌 후 칼로 곱게 다집니다.

3 단호박은 삶고 콜리플라워는 데친 뒤 분쇄기에 넣고 곱게 다집니다.

4 냄비에 1과 분량의 남은 물을 넣고 끓기 시작하면 2와 3을 넣어 중불에서 15분간 끓인 뒤 불을 끄고 뚜껑을 덮어 1~2분간 뜸을 들이면 완성입니다.

수수 배추 죽

수수는 철분과 비타민B_2가 풍부한 식품으로 항산화작용에 도움이 되며 정제된 곡류에 비해 더 많은 단백질과 섬유소, 비타민과 무기질을 함유하고 있어 뇌 발달뿐만 아니라 급성장하는 영·유아의 건강에 매우 유익합니다.

요리시간 : 25분
총 열량 : 100kcal

재료
- ☐ 불린 쌀 20g
- ☐ 불린 수수 5g
- ☐ 쇠고기 안심 20g
- ☐ 배추 20g
- ☐ 물 300~400ml

TIP
- 고기를 삶을 때 양파를 넣고 삶으면 국물을 육수로 사용할 수 있습니다.
- 삶은 고기를 분쇄기에 다질 때 너무 퍽퍽한 느낌이 든다면 고기 삶은 물을 추가해 부드럽게 만듭니다.

1 불린 쌀과 수수, 물 50ml를 믹서에 넣고 쌀의 입자가 있게끔 거칠게 갑니다.

2 쇠고기 안심은 핏물을 빼고 끓는 물에 3분간 삶은 뒤 분쇄기로 곱게 다집니다.

3 배추도 끓는 물에 1분간 삶은 뒤 칼로 곱게 다집니다.

4 1과 분량의 남은 물을 넣고 5분간 끓이다가 2와 3을 넣어 중불에서 10분간 끓인 뒤 불을 끄고 뚜껑을 덮어 1~2분간 뜸을 들이면 완성입니다.

# 연두부 밤 죽

연두부는 수분 함량이 많고 굉장히 부드러워 아기들이 먹기 좋은 식품으로 비타민B_1과 철분, 칼슘의 함량이 높아 영·유아기 두뇌 발달 및 골격 형성에 매우 도움이 됩니다. 또한 밤은 비타민C의 함량이 높은 식품으로 철분의 흡수를 도와줍니다.

요리시간 : 30분
총 열량 : 107kcal

재료
- 불린 쌀 20g
- 연두부 40g
- 밤 20g
- 애호박 20g
- 물 200~300ml

TIP
연두부 대신 순두부를 넣어도 좋고, 연두부를 맛본 후에는 두부를 이용해 만들어도 좋습니다. 처음으로 아기에게 주는 식품이니만큼 수입콩이 아닌 유기농 국산콩으로 만든 연두부를 선택할 것을 권장합니다.

1. 불린 쌀과 물 50ml를 믹서에 넣고 쌀의 입자가 있게끔 거칠게 갑니다.

2. 밤은 껍질을 벗겨 끓는 물에 10분간 삶은 뒤 곱게 으깹니다.

3. 애호박은 칼로 곱게 다집니다.

4. 냄비에 1과 분량의 남은 물을 넣고 끓어오르면 2와 3을 넣어 중불에서 15분간 잘 저으며 끓입니다.

5. 완성되기 바로 전에 연두부를 넣고 잘 섞은 뒤 1~2분간 뜸을 들이면 완성입니다.

강낭콩 쇠고기 죽

강낭콩은 필수 아미노신인 라이신(lysine)과 로이신(leucine), 트립토판(tryptophan)이 풍부해 활발한 뇌 활동에 도움을 주는 것은 물론 성장하는 아기에게 매우 유익한 식품입니다. 전분 함량이 많은 강낭콩을 푹 삶아 죽에 넣으면 부드럽고 고소한 맛이 한층 더 업그레이드됩니다.

요리시간 : **50분**
총 열량 : **127kcal**

📷 재료
- ☐ 불린 쌀 20g
- ☐ 강낭콩 20g
- ☐ 쇠고기 안심 20g
- ☐ 당근 10g
- ☐ 물 300~400ml

👉 TIP
강낭콩은 흰살 생선과도 아주 잘 어울립니다. 쇠고기 대신 대구살을 쪄서 으깬 뒤 죽의 마지막 단계에 넣으면 맛과 건강을 한번에 챙길 수 있습니다.

1 불린 쌀과 물 50ml를 믹서에 넣고 쌀의 입자가 있게끔 거칠게 갑니다.

2 강낭콩은 끓는 물에 20분간 삶아서 껍질을 제거합니다.

3 강낭콩은 으깨고, 쇠고기와 당근은 각각 3분씩 삶아 분쇄기에 곱게 다집니다.

4 냄비에 1과 분량의 남은 물을 넣고 끓어오르면 3을 넣어 약불에서 20분간 끓인 뒤 불을 끄고 뚜껑을 덮어 1~2분간 뜸을 들이면 완성입니다.

 ## 검은콩 닭고기 죽

섬은콩에 속하는 서리태는 밭에서 나는 쇠고기라는 말이 나올 정도로 단백질 함량이 높습니다. 또한 필수 아미노산이 약 40%가량 차지하고 있으며, 특히 어린이 성장 발육에 필수적인 라이신(lysine)이 풍부합니다.

요리시간 : 50분
총 열량 : 99kcal

재료
- 불린 쌀 20g
- 불린 검은콩 10g
  (마른 검은콩 6g)
- 닭 안심 20g
- 오이 20g
- 물 300~400ml

TIP
검은콩은 이유식에 자주 사용하는 식재료이므로 압력밥솥을 이용해 넉넉하게 삶아 1회 분량씩 냉동해서 사용하면 훨씬 편리합니다.

콩 삶는 방법

1. 껍질을 제거한 불린 콩을 압력솥에 넣고 콩이 잠길 정도로 물을 부은 뒤 센불에서 끓입니다.

2. 추가 올라가면 중불로 줄이고 13분간 익힌 뒤 불에서 내립니다. 충분히 김을 빼고 식혀서 저장용기에 담아 냉동 보관하면 완성입니다.

1
불린 쌀과 물 50ml를 믹서에 넣고 쌀의 입자가 있게끔 거칠게 갑니다.

2
검은콩은 12시간 이상 불린 후 껍질을 벗기고 끓는 물에 30분간 삶습니다.

3
닭 안심은 끓는 물에 2분간 삶아 식힌 후 칼로 곱게 다집니다.

4
삶은 검은콩과 적당히 자른 오이를 분쇄기에 넣어 곱게 다집니다.

5
냄비에 1과 분량의 남은 물을 넣고 끓어오르면 3과 4를 넣고 중불에서 15분간 끓인 뒤 불을 끄고 뚜껑을 덮어 1~2분간 뜸을 들이면 완성입니다.

중기

 검은콩 양송이버섯 죽

단백질은 두뇌를 활성화하는 아미노산을 공급히는데 식물성 단백질인 검은콩도 예외는 아닙니다. 쌀에 부족한 아미노산을 콩과 쇠고기로 보완하고 식이섬유소와 미네랄이 많은 양송이버섯을 추가하면 영양 만점 이유식이 만들어집니다.

요리시간 : 50분
총 열량 : 118kcal

재료
- 불린 쌀 20g
- 불린 검은콩 10g
  (마른 검은콩 6g)
- 양송이버섯 20g
  (중간크기 1개)
- 쇠고기 안심 20g
- 물 300~400ml

TIP
- 검은콩은 불리는 시간과 크기에 따라 삶는 시간이 달라집니다. 손가락으로 눌러보았을 때 물컹하게 으깨지는 정도로 삶습니다.
- 양송이버섯 대신 새송이버섯이나 느타리버섯을 사용해도 좋습니다.

1. 불린 쌀과 물 50ml를 믹서에 넣고 쌀의 입자가 있게끔 거칠게 갑니다.

2. 검은콩은 12시간 이상 불린 후 껍질을 벗기고 끓는 물에 30분간 삶습니다.

3. 쇠고기 안심은 핏물을 빼고 끓는 물에 3분간 삶은 뒤 분쇄기로 곱게 다집니다.

4. 삶은 검은콩과 적당히 자른 양송이버섯을 분쇄기에 넣고 곱게 다집니다.

5. 냄비에 1과 분량의 남은 물을 넣고 끓어오르면 3과 4를 넣어 중불에서 15분간 끓인 뒤 불을 끄고 뚜껑을 덮어 1~2분간 뜸을 들이면 완성입니다.

 애호박 새송이버섯 죽

애호박 속 당분은 소화흡수가 잘되고 비타민A·C가 풍부해 면역력 증가 및 항산화기능을 합니다. 뿐만 아니라 새송이버섯과 같이 비타민B군 함량이 높은 식품은 음식이 에너지로 전환되는 것을 도와주기 때문에 영·유아기 두뇌 발달에 매우 좋습니다.

요리시간 : 25분
총 열량 : 77kcal

재료
- 불린 쌀 20g
- 애호박 20g
- 새송이버섯 10g
- 닭 안심 20g
- 물 200~300ml

TIP
- 애호박은 사계절 내내 섭취 가능한 식재료지만, 제철 애호박일수록 단맛이 강하기 때문에 겨울보다는 여름에 더 맛있습니다.
- 새송이버섯은 다른 버섯에 비해 수분 함량이 적어 유통기한이 길지만 냉장고에 보관할 때는 키친타월에 감싸 습기를 제거하는 것이 좋습니다.

1 불린 쌀과 물 50ml를 믹서에 넣고 쌀의 입자가 있게끔 거칠게 갑니다.

2 닭 안심은 끓는 물에 2분간 삶아 식힌 후 칼로 곱게 다집니다.

3 애호박과 새송이버섯은 적당한 크기로 잘라 분쇄기에 넣고 함께 다집니다.

4 냄비에 1과 분량의 남은 물을 넣고 끓어오르면 2와 3을 넣어 중불에서 15분간 끓인 뒤 불을 끄고 뚜껑을 덮어 1~2분간 뜸을 들이면 완성입니다.

표고버섯 무 죽

생 표고버섯을 사용해도 좋지만 말린 표고버섯이 향도 진하고 비타민D 함량도 높기 때문에 저는 주로 말린 표고버섯을 불려 이유식을 만듭니다. 표고버섯은 전체 물질대사에 필요한 영양소인 나이아신(niacin)과 비타민B_2의 함량이 높기 때문에 성장하는 영·유아기에 꾸준히 섭취하는 것이 좋습니다.

요리시간 : **40분**
총 열량 : **95kcal**

재료
- ☐ 불린 쌀 20g
- ☐ 불린 표고버섯 10g (건 표고버섯 3g)
- ☐ 무 10g
- ☐ 쇠고기 안심 20g
- ☐ 물 200~300ml

TIP
- ✿ 표고버섯 대신 느타리버섯이나 새송이버섯으로 대체해도 좋습니다.
- ✿ 버섯은 데쳐서 사용하면 영양성분이 물 밖으로 많이 배출되므로 씻어서 그대로 사용하는 것을 권장합니다.

1 불린 쌀과 물 50ml를 믹서에 넣고 쌀의 입자가 있게끔 거칠게 갑니다.

2 쇠고기 안심은 핏물을 빼고 끓는 물에 3분간 삶은 뒤 분쇄기로 곱게 다집니다.

3 찬물에 충분히 불린 표고버섯과 적당한 크기로 자른 무를 분쇄기에 넣고 곱게 다집니다.

4 냄비에 1과 분량의 남은 물을 넣고 끓어오르면 2와 3을 넣어 중불에서 20분간 끓인 뒤 불을 끄고 뚜껑을 덮어 1~2분간 뜸을 들이면 완성입니다.

적양배추 쇠고기 죽

적양배추는 비타민B₁과 칼슘의 함량이 높아 두뇌 발달 및 골격 형성에 도움이 되며 파이토케미컬(phytochemical)인 붉은색의 안토시아닌(anthocyanin) 성분이 들어있어 항산화효능까지 우수합니다. 일반 양배추보다 조직이 단단하고 질기기 때문에 충분히 끓인 다음에 먹이도록 합니다.

요리시간 : 30분
총 열량 : 97kcal

재료
- 불린 쌀 20g
- 적양배추 10g
- 애호박 20g
- 쇠고기 안심 20g
- 물 200~300ml

TIP
- 적양배추가 없다면 일반 양배추에 적양파를 넣어 안토시아닌을 보충할 수 있습니다.
- 애호박 대신 단호박을 사용해도 좋습니다.

1. 불린 쌀과 물 50ml를 믹서에 넣고 쌀의 입자가 있게끔 거칠게 갑니다.

2. 쇠고기 안심은 핏물을 빼고 끓는 물에 3분간 삶은 뒤 분쇄기로 곱게 다집니다.

3. 적양배추는 끓는 물에 1분간 데치고 애호박은 적당한 크기로 잘라 분쇄기에 넣고 곱게 다집니다.

4. 냄비에 1과 분량의 남은 물을 넣고 끓어오르면 2와 3을 넣어 중불에서 15분간 끓인 뒤 불을 끄고 뚜껑을 덮어 1~2분간 뜸을 들이면 완성입니다.

 근대 파프리카 죽

비타민A와 칼슘, 철분이 많은 근대와 비타민A·C가 풍부한 파프리카는 닭고기와 매우 잘 어울리는 식재료입니다. 필수 아미노산이 풍부한 닭고기에 두뇌 발달 및 성장에 관여하는 비타민과 무기질이 풍부한 채소를 넣어 맛과 영양을 모두 만족시켰습니다.

요리시간 : 40분
총 열량 : 76kcal

재료
- 불린 쌀 20g
- 근대 15g
- 파프리카(레드) 10g
- 닭 안심 20g
- 물 200~300ml

함께하면 좋은 채소 - 양배추

TIP
데친 잎채소와 파프리카의 양이 적다면 칼로 다지는 것이 좋습니다. 하지만 한번에 5회 분량 이상 전처리를 할 경우에는 분쇄기를 이용해 다져 냉동 보관하면 다음 이유식에 편하게 사용할 수 있습니다.

1. 불린 쌀과 물 50ml를 믹서에 넣고 쌀의 입자가 있게끔 거칠게 갑니다.

2. 닭 안심은 끓는 물에 2분간 삶아 찬물에 헹굽니다.

3. 닭 안심과 데친 근대, 파프리카를 칼로 곱게 다집니다.

4. 냄비에 1과 분량의 남은 물을 넣고 5분간 끓이다가 3을 넣어 중불에서 20분간 끓인 뒤 불을 끄고 뚜껑을 덮어 1~2분간 뜸을 들이면 완성입니다.

비트 닭고기 죽

철분과 비타민C의 함량이 매우 높은 비트는 두뇌 발달에 도움을 주고, 특히 동물성 단백질 식품인 쇠고기나 닭고기와 함께 섭취할 경우 부족한 필수 아미노산을 보충할 수 있어 좋습니다.

요리시간 : 30분
총 열량 : 79kcal

재료
- 불린 쌀 20g
- 비트 10g
- 새송이버섯 20g
- 닭 안심 20g
- 물 200~300ml

TIP
비트는 단단해서 푹 끓여도 감자나 고구마처럼 으깨지지 않습니다. 좀 더 부드럽게 먹이고 싶다면 삶지 말고 믹서에 곱게 갈아서 사용하는 것이 좋습니다. 또한 비트의 붉은색이 아기의 대변에 보일 수 있으니 너무 놀라지 않아도 됩니다.

1 불린 쌀과 물 50ml를 믹서에 넣고 쌀의 입자가 있게끔 거칠게 갑니다.

2 닭 안심은 끓는 물에 2분간 삶아 식힌 후 칼로 곱게 다집니다.

3 비트는 적당한 크기로 잘라 끓는 물에 3분간 삶습니다.

4 삶은 비트와 새송이버섯을 분쇄기에 넣고 곱게 다집니다.

5 냄비에 1과 분량의 남은 물을 넣고 끓어오르면 2와 4를 넣어 중불에서 20분간 끓인 뒤 불을 끄고 뚜껑을 덮어 1~2분간 뜸을 들이면 완성입니다.

케일 사과 죽

사과와 궁합이 좋은 케일은 비타민A·C 그리고 칼슘의 함량이 매우 높은 식품으로 영·유아기 뇌와 신경계 발달에 중요한 영향을 줍니다. 양질의 단백질 식품(고기, 생선 등)과 함께 이유식을 만들면 부족한 필수 아미노산을 보완할 수 있습니다.

요리시간 : **25분**
총 열량 : **104kcal**

재료
☐ 불린 쌀 20g
☐ 케일 15g
☐ 쇠고기 안심 20g
☐ 사과 20g
☐ 물 200~300ml

TIP
♣ 이유식을 잘 먹지 않고 거부하는 아기들에게 과일이 첨가된 죽을 만들어 주면 섭취량을 늘리는 데 도움이 됩니다.

♣ 제철에 나오는 사과를 이용하면 더욱 좋습니다. 여름에는 아오리사과를 그 외 계절에는 부사를 사용하는 것을 추천합니다.

1 불린 쌀과 물 50ml를 믹서에 넣고 쌀의 입자가 있게끔 거칠게 갑니다.

2 쇠고기 안심은 핏물을 빼고 끓는 물에 3분간 삶은 뒤 분쇄기로 곱게 다집니다.

3 케일은 끓는 물에 살짝 데치고 사과와 함께 칼로 곱게 다집니다.

4 냄비에 1과 분량의 남은 물을 넣고 5분간 끓이다가 2와 3을 넣어 중불에서 10분간 끓인 뒤 불을 끄고 뚜껑을 덮어 1~2분간 뜸을 들이면 완성입니다.

대구살 브로콜리 죽

비린 맛이 없고 단맛이 많은 대구는 양질의 단백질 식품으로 필수 아미노산이 풍부하며 나이아신(niacin)과 비타민B_1·B_2, 인의 함량이 매우 높습니다. 또한 브로콜리는 비타민A·C와 엽산 등이 풍부해 대구에 부족한 영양소를 보완해주며, 여기에 배를 첨가하면 처음 접하는 생선에 대한 거부감을 줄일 수 있습니다.

요리시간 : 25분
총 열량 : 77kcal

재료
- 불린 쌀 20g
- 대구살 20g
- 브로콜리 20g
- 배 10g
- 물 200~300ml

TIP
- 배를 다지지 않고 강판에 갈아 죽의 마지막 단계에 넣으면 단맛이 강해집니다.
- 브로콜리 대신 시금치를 넣어도 좋습니다.

1 불린 쌀과 물 50ml를 믹서에 넣고 쌀의 입자가 있게끔 거칠게 갑니다.

2 대구살은 찜기에 올려 7분간 익힌 후 칼로 다집니다. 생선에 잔가시가 남아 있지 않도록 꼼꼼히 확인합니다.

3 브로콜리는 끓는 물에 살짝 데친 후 찬물에 헹구고 껍질을 벗긴 배와 함께 칼로 곱게 다집니다.

4 냄비에 1과 분량의 남은 물을 넣고 5분간 끓이다가 3을 넣고 중불에서 5분간 더 끓입니다.

5 2를 넣고 5분간 더 끓인 뒤 불을 끄고 뚜껑을 덮어 1~2분간 뜸을 들이면 완성입니다.

미역 쇠고기 죽

갑상선 호르몬의 합성에 관여를 하는 요오드(iodine)는 해조류에 많이 들어 있습니다. 요오드의 결핍은 발육, 성장 및 대사, 특히 뇌신경 발달에 영향을 주기 때문에 영·유아기 때부터 적정량을 섭취하는 것이 중요합니다.

요리시간 : **40분**
총 열량 : **94kcal**

재료
- 불린 쌀 20g
- 불린 미역 15g (건미역 1g)
- 쇠고기 안심 20g
- 양파 10g
- 물 300~400ml

함께하면 좋은 재료 - 표고버섯

TIP
미역 대신 생김을 잘게 잘라 사용해도 좋습니다. 해조류는 흰살 생선과도 잘 어울리기 때문에 주재료를 변경해 가면서 다양하게 만들어 주도록 합니다.

1 불린 쌀과 물 50ml를 믹서에 넣고 쌀의 입자가 있게끔 거칠게 갑니다.

2 쇠고기 안심은 핏물을 빼고 끓는 물에 3분간 삶습니다.

3 삶은 쇠고기 안심은 분쇄기로 곱게 다지고, 불린 미역과 양파는 칼로 곱게 다집니다.

4 냄비에 **1**과 분량의 남은 물을 넣고 끓어오르면 **3**을 넣어 중불에서 20분간 끓인 뒤 불을 끄고 뚜껑을 덮어 1~2분간 뜸을 들이면 완성입니다.

 김 케일 죽

두뇌 발달 및 면역력 향상에 필요한 비타민A·C가 풍부한 케일은 익혔을 때 부드럽고 향이 강하지 않아 어떤 식재료와도 잘 어울려 이유식에 아주 적합한 채소입니다. 또한 조혈작용으로 인해 빈혈 예방에도 아주 좋습니다.

요리시간 : **30분**
총 열량 : **94kcal**

재료
- 불린 쌀 20g
- 쇠고기 안심 20g
- 케일 10g
- 김 1/2장 (마른 김 1g)
- 물 300~400ml

TIP
- 김은 특유의 단맛과 감칠맛이 있어 죽의 맛을 좋게 합니다.
- 마른 김을 넣으면 김이 죽의 수분을 흡수해 금방 되직해지니 끓이면서 농도를 확인해 물을 조금 추가합니다.

1 불린 쌀과 물 50ml를 믹서에 넣고 쌀의 입자가 있게끔 거칠게 갑니다.

2 쇠고기 안심은 핏물을 빼고 끓는 물에 3분간 삶은 뒤 분쇄기로 곱게 다집니다.

3 김은 가위로 잘게 자르고, 케일은 끓는 물에 30초간 데친 뒤 칼로 곱게 다집니다.

4 냄비에 1과 분량의 남은 물을 넣고 끓어오르면 2와 케일을 넣어 중불에서 15분간 푹 익힙니다.

5 김을 넣고 2~3분간 더 끓인 뒤 불을 끄고 뚜껑을 덮어 1~2분간 뜸을 들이면 완성입니다.

 ## 달걀노른자 감자 죽

달걀노른자에는 뇌세포를 활성화시키는 레시틴(lecithin)과 철분이 많이 들어있으므로 일주일에 2~3회 정도는 고기와 바꿔가며 이유식을 만들어 주는 것이 좋습니다. 삶은 날갈의 노른자를 사용하기 때문에 가장 마지막 단계에 넣어 섞으면 됩니다.

요리시간 : 40분
총 열량 : 116kcal

재료
- ☐ 불린 쌀 20g
- ☐ 달걀노른자 1개 (15g)
- ☐ 감자 20g
- ☐ 근대 10g
- ☐ 물 200~300ml

TIP
✿ 달걀흰자는 알레르기를 잘 일으키는 식품으로 이유식의 완료기 단계에서 사용하는 것이 좋습니다.

✿ 달걀노른자는 이유식 외에 간식으로 활용하면 철분 보충에 도움이 됩니다.

1 불린 쌀과 물 50ml를 믹서에 넣고 쌀의 입자가 있게끔 거칠게 갑니다.

2 감자와 근대는 살짝 데친 뒤 칼로 곱게 다집니다. 감자는 생으로 다져도 좋습니다.

3 삶은 달걀의 노른자는 포크를 이용해 곱게 으깹니다.

4 냄비에 **1**과 분량의 남은 물을 넣고 끓어오르면 **2**를 넣어 중불에서 20분간 끓입니다.

5 죽이 완성되기 바로 전에 **3**을 넣고 2~3분 정도 더 끓이면 완성입니다.

밤 비트 죽

뇌 세포와 신경 세포, 적혈구 모두 포도당을 에너지원으로 사용하기 때문에 영·유아기에 적절한 탄수화물의 섭취는 매우 중요합니다. 당분이 많은 밤을 죽에 넣으면 달콤함이 두 배가 되어 이유식을 잘 먹지않는 아기에게 특효약이 될 수 있습니다.

요리시간 : 40분
총 열량 : 124kcal

재료
- ☐ 불린 쌀 20g
- ☐ 삶은 밤 20g
- ☐ 비트 20g
- ☐ 쇠고기 안심 20g
- ☐ 물 200~300ml

TIP
쌀과 잘 어울리는 탄수화물 식품으로는 밤 이외에도 고구마, 감자, 옥수수 등이 있으니 적절히 바꿔 활용하는 것이 좋습니다. 단, 건강을 위해 밤과 옥수수는 통조림 식품보다는 생식품을 써서 이유식에 사용하는 것을 권장합니다.

1
불린 쌀과 물 50ml를 믹서에 넣고 쌀의 입자가 있게끔 거칠게 갑니다.

2
밤은 끓는 물에 20분간 삶아 껍질을 벗기고 곱게 으깹니다.

3
비트와 쇠고기 안심은 끓는 물에 각각 3분간 삶아 분쇄기로 곱게 다집니다.

4
냄비에 1과 분량의 남은 물을 넣고 끓어오르면 2와 3을 넣어 중불에서 15분간 끓인 뒤 불을 끄고 뚜껑을 덮어 1~2분간 뜸을 들이면 완성입니다.

간식

옥수수 수프

옥수수는 중기 후반부터 사용가능한 식재료로 식이섬유소가 풍부한 옥수수에 필수 아미노산이 가득한 우유를 넣으면 영양 간식을 만들 수 있습니다. 가공된 통조림 옥수수보다 삶은 옥수수를 사용하면 옥수수 본연의 고소하고 진한 맛을 느낄 수 있습니다.

요리시간 : **40분**
총 열량 : **241kcal**

재료
- 삶은 옥수수알 100g
- 카놀라유 1작은술
- 우유 100g
- 아기용 치즈 1/2장
- 물 100ml
  (옥수수가 잠길 정도)

TIP
체에 내린 옥수수는 이유식에 활용해도 굉장히 좋습니다. 여기에 흰살 생선(대구, 동태 등)을 넣어 부드러운 그라탱을 만들면 영양만점 한 끼 이유식이 됩니다.

1 옥수수는 20분간 삶아 알맹이만 따로 분리한 뒤 카놀라유를 두른 냄비에 넣어 볶습니다.

2 볶은 옥수수에 물을 붓고 핸드블렌더로 곱게 갑니다.

3 곱게 갈린 옥수수를 체에 밭쳐 옥수수 껍질을 제거합니다.

4 냄비에 3과 분량의 우유를 넣고 중불에서 걸쭉한 상태(약 5분간)가 될 때까지 끓이다가 치즈를 넣으면 완성입니다.

간식

군고구마 치즈볼

고구마만 섭취했을 때 부족해질 수 있는 단백질을 치즈로 보충할 수 있는 영양만점 간식입니다. 핑거 푸드로 만들어 주면 아기의 소근육 발달 및 두뇌 발달에도 도움이 됩니다.

요리시간 : 30분
총 열량 : 77kcal

재료
- 군고구마 50g
- 슬라이스 치즈 1/2장

TIP
호박고구마는 수분 함량이 많고 촉촉해서 아기들 간식으로는 좋지만 동그랗게 빚기에는 불편합니다. 또한 핑거 푸드로 만들어도 아기가 두 손가락을 이용해 집어 먹기 곤란합니다. 이럴 경우에는 밤고구마와 섞어서 만들거나 고구마를 주사위 모양으로 잘라 푹 익힌 뒤 치즈를 올리는 방법도 좋습니다.

1
고구마를 직화냄비 또는 오븐에 20분간 구워 충분히 식힌 뒤 으깨 한입 크기로 동그랗게 빚습니다.

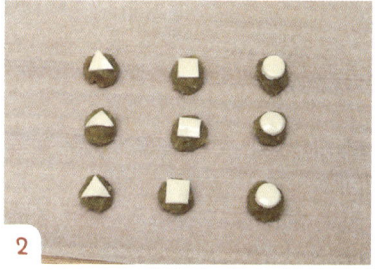

2
동그란 군고구마 위에 도형 모양으로 자른 치즈를 올려 전자레인지에 20초 정도 돌리면 완성입니다.

달걀노른자 감자으깸

뇌세포 활성에 도움이 되는 레시틴(lecithin)과 철분이 풍부한 달걀노른자를 활용하면 든든한 한 끼 이유식이 될 정도로 영양만점 간식을 만들 수 있습니다.

요리시간 : **25분**
총 열량 : **95kcal**

🍳 재료

- 삶은 달걀노른자 1개 (15g)
- 감자 70g
  (중간사이즈 1/2개)
- 아기용 시판 요거트 적당량
  (이유식 수저로 3~4숟가락)

 TIP
요거트 대신 모유나 분유를 물에 타서 농도를 맞추는 것도 좋습니다.

1
감자는 껍질을 벗기고 적당한 크기로 잘라 전자레인지에 4분 30초 정도 돌린 뒤 삶은 달걀노른자와 함께 곱게 으깹니다.

2
1에 아기용 요거트를 조금씩 넣어 부드러운 농도가 될 때까지 잘 섞으면 완성입니다.

간식

치즈과자

유제품은 중기 이유식 단계부터 간식으로 섭취하기 좋은 식품입니다. 치즈를 조금은 가볍고 재미있게 스낵으로 만들어 주면 아기들이 굉장히 좋아합니다.

요리시간 : 2분
총 열량 : 55kcal

재료
- 아기용 슬라이스치즈 1장

TIP
슬라이스치즈는 녹거나 상할 위험이 있지만 치즈과자로 만들면 보관도 용이하고 쌀과자 대용으로도 아주 좋습니다. 다만, 한 번에 너무 많이 먹지 않도록 1회 분량(치즈 1장)을 지키도록 합니다.

1. 냉장상태의 슬라이스치즈 1장을 16조각으로 자릅니다.

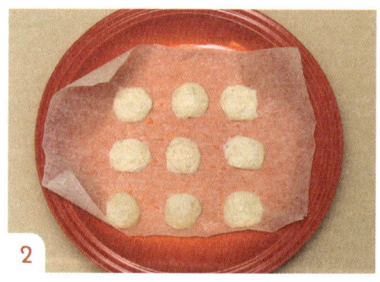

2. 접시에 종이호일을 깔고 치즈를 8~9조각 올려 전자레인지에 1분 정도 돌립니다. 빵빵하게 부풀어 오른 치즈를 한 김 식힌 후 떼어내면 완성입니다.

연두부 바나나 셰이크

당질의 함량이 높은 바나나는 비타민C, 식이섬유소, 칼륨이 많으나 단백질이 부족합니다. 여기에 식물성 단백질 식품인 연두부를 넣어 셰이크를 만들면 이유식 섭취가 부족한 아기에게 든든한 간식이 됩니다.

요리시간 : 5분
총 열량 : 231kcal

재료
- 연두부 90g (작은 것 1팩)
- 바나나 1개 (껍질 제거 후 180g)
- 플레인요거트 40g

TIP
- 연두부는 수분의 함량이 높기 때문에 액체를 추가하지 않아도 되지만, 농도가 진할 경우에는 소량의 물이나 우유를 넣어 아기에 맞는 농도로 맞춥니다.
- 돌이 지난 이후에는 호두나 아몬드를 넣어 갈아주면 필수 지방산의 섭취를 늘릴 수 있을 뿐 아니라 맛도 훨씬 좋아집니다.

1 바나나는 껍질을 벗겨 적당한 크기로 썰고, 연두부와 플레인요거트를 준비합니다.

2 모든 재료를 믹서에 넣고 곱게 갈면 완성입니다.

PART 3.

후기 이유식
(10~12개월)

PART 3

후기 이유식(10~12개월) 하루에 세 번 이유식 늘리기

세 번의 이유식과 두 번의 간식이 필요한 시기입니다. 튼튼하고 똑똑한 아기가 되길 원한다면 간식도 신중히 선택해야 합니다. 아기에게 간식은 단순한 군것질을 의미하는 것이 아니기 때문에 쌀 과자뿐만 아니라 아기용 치즈나 플레인요거트, 제철 과일 및 채소를 골고루 주어 부족해질 수 있는 영양소를 보충해주는 것이 중요합니다. 후기 이유식부터는 불린 쌀이 아닌 밥으로 무른 밥을 만들기 때문에 이유식 만드는 시간을 조금 더 단축시킬 수 있습니다.

후기 이유식 횟수 : 1일 3회(아침/점심/저녁) + 간식 1~2회
후기 이유식 양   : 평균 100 ~ 150g

후기 이유식 식사 스케줄 한눈에 알아보기

오전 7 ~ 12시	모유 or 분유	수유 횟수 2~5회 이유식 횟수 3회
	이유식 + 보충수유	
	간식	
오후 12시 ~ 잠들기 전	이유식 + 보충수유	
	(간식)	
	이유식 + 보충수유	
	모유 or 분유	

후기 이유식 한 달 식단표

- **후기 이유식 식단표 짜기 TIP**
  - 중기 이유식과 마찬가지로 2가지 타입의 식단표를 참고하여 상황에 맞게 진행합니다.
  - 매끼 쇠고기, 닭고기, 생선 등 단백질 식품이 들어갈 수 있도록 메뉴를 구성합니다.
  - 장기 외출을 하거나 여행을 가는 경우 만들어둔 이유식은 냉동 보관 했다가 먹이기 전날 미리 냉장실로 옮겨 해동 후 데워서 줍니다. 냉동한 이유식은 최대 2주까지 보관이 가능합니다.

Type A. 후기 이유식 식단표

SUN	MON	TUE	WED	THU	FRI	SAT
		1 기장 시금치 무른밥(p.128) 흑미 소고기 무른밥(p.126) 닭고기 표고버섯 무른밥(p.130)	2	3	4 쑥갓 단호박 무른밥(p.132) 깻잎 사과 무른밥(p.136) 우엉 양배추 무른밥(p.134)	5
6	7 쪽파 연근 무른밥(p.138) 팽이버섯 근대 무른밥(p.144) 참나물 소고기 무른밥(p.140)	8	9	10 가지 소고기 무른밥(p.142) 대추 검은콩 무른밥(p.146) 초기 쥬키니호박 무른밥(p.150)	11	12
13 렌틸콩 연두부 무른밥(p.148) 김 콜리플라워 무른밥(p.162) 갈치 단호박 무른밥(p.152)	14	15	16 잣 영양부추 무른밥(p.164) 동태살 청경채 무른밥(p.154) 흑미 소고기 무른밥	17	18	19 가자미 애호박 무른밥(p.156) 기장 시금치 무른밥 쑥갓 단호박 무른밥
20	21	22 잔멸치 브로콜리 무른밥(p.158) 닭고기 표고버섯 무른밥 우엉 양배추 무른밥	23	24	25 달걀노른자 애호박 무른밥(p.160) 깻잎 사과 무른밥 가지 소고기 무른밥	26
27	28 치즈 동태살 무른밥(p.166) 김 콜리플라워 무른밥 팽이버섯 근대 무른밥	29	30			

Type B. 후기 이유식 식단표

* 　　 글씨 : 새롭게 추가하는 밥

SUN	MON	TUE	WED	THU	FRI	SAT
		1 기장 시금치 무른밥(p.128) 흑미 쇠고기 무른밥(p.126) 닭고기 표고버섯 무른밥(p.130)	2 흑미 쇠고기 무른밥 기장 시금치 무른밥 쑥갓 단호박 무른밥(p.132)	3 닭고기 표고버섯 무른밥 우엉 양배추 무른밥(p.134) 쑥갓 단호박 무른밥	4 우엉 양배추 무른밥 깻잎 사과 무른밥(p.136) 쑥갓 단호박 무른밥	5 깻잎 사과 무른밥 우엉 양배추 무른밥 참나물 쇠고기 무른밥(p.140)
6 깻잎 사과 무른밥 쪽파 연근 무른밥(p.138) 참나물 쇠고기 무른밥	7 팽이버섯 근대 무른밥(p.144) 참나물 쇠고기 무른밥 쪽파 연근 무른밥	8 팽이버섯 근대 무른밥 가지 쇠고기 무른밥(p.142) 쪽파 연근 무른밥	9 가지 쇠고기 무른밥 팽이버섯 근대 무른밥 대추 검은콩 무른밥(p.146)	10 대추 검은콩 무른밥 가지 쇠고기 무른밥 조기 슈키니호박 무른밥(p.150)	11 대추 검은콩 무른밥 조기 슈키니호박 무른밥 김 콜리플라워 무른밥(p.162)	12 조기 슈키니호박 무른밥 김 콜리플라워 무른밥 렌틸콩 연두부 무른밥(p.148)
13 김 콜리플라워 무른밥 갈치 단호박 무른밥(p.152) 렌틸콩 연두부 무른밥	14 갈치 단호박 무른밥 렌틸콩 연두부 무른밥 잣 영양부추 무른밥(p.164)	15 갈치 단호박 무른밥 흑미 쇠고기 무른밥 잣 영양부추 무른밥	16 흑미 쇠고기 무른밥 동태살 청경채 무른밥(p.154) 잣 영양부추 무른밥	17 동태살 청경채 무른밥 흑미 쇠고기 무른밥 기장 시금치 무른밥	18 동태살 청경채 무른밥 쑥갓 단호박 무른밥 기장 시금치 무른밥	19 쑥갓 단호박 무른밥 기장 시금치 무른밥 잔멸치 브로콜리 무른밥(p.158)
20 쑥갓 단호박 무른밥 잔멸치 브로콜리 무른밥 가자미 애호박 무른밥(p.156)	21 잔멸치 브로콜리 무른밥 가자미 애호박 무른밥 닭고기 표고버섯 무른밥	22 가자미 애호박 무른밥 닭고기 표고버섯 무른밥 우엉 양배추 무른밥	23 닭고기 표고버섯 무른밥 달걀노른자 애호박 무른밥(p.160) 우엉 양배추 무른밥	24 달걀노른자 애호박 무른밥 우엉 양배추 무른밥 깻잎 사과 무른밥	25 달걀노른자 애호박 무른밥 깻잎 사과 무른밥 가지 쇠고기 무른밥	26 깻잎 사과 무른밥 치즈 동태살 무른밥(p.166) 가지 쇠고기 무른밥
27 치즈 동태살 무른밥 가지 쇠고기 무른밥 팽이버섯 근대 무른밥	28 치즈 동태살 무른밥 김 콜리플라워 무른밥 팽이버섯 근대 무른밥	29 김 콜리플라워 무른밥 기장 시금치 무른밥 팽이버섯 근대 무른밥	30 김 콜리플라워 무른밥 쪽파 연근 무른밥 기장 시금치 무른밥			

흑미 쇠고기 무른밥

검은색의 안토시아닌(anthocyanin)이 풍부한 흑미는 항산화효과가 뛰어나고 면역력을 높여주기 때문에 영·유아기 두뇌 발달과 성장에 도움이 됩니다. 또한 미네랄까지 풍부해 푹 끓이면 구수한 향까지 더해져 이유식이 더욱 맛있어집니다.

요리시간 : 35분
총 열량 : 158kcal

재료
- 불린 흑미 5g
- 쇠고기 안심 20g
- 케일 15g
- 감자 10g
- 밥 70g
- 물 or 쇠고기육수(p.16) 250~350ml

TIP
흑미도 현미와 마찬가지로 6시간 이상 충분히 불려서 사용해야 아이의 소화 기능에 무리가 가지 않습니다. 또한 케일 대신 비타민A·C, 칼슘이 많은 시금치를 넣어도 좋습니다.

찬물에 담가 핏물을 제거한 쇠고기 안심과 끓는 물에 살짝 데친 케일, 그리고 감자를 칼로 잘게 다집니다.

냄비에 6시간 이상 불린 흑미와 물(쇠고기 육수) 100ml 넣고 7분간 끓입니다.

1을 넣고 살짝 볶다가 분량의 남은 물(쇠고기육수)을 넣어 10분간 중불에서 끓입니다.

밥을 넣고 잘 저으면서 밥의 무르기와 농도를 맞춘 뒤, 불을 끄고 뚜껑을 덮어 1~2분간 뜸을 들이면 완성입니다.

 # 기장 시금치 무른밥

노란 빛깔의 기장은 비타민B₁이 풍부한 식품입니다. 백미는 도정 과정에서 비타민B군이나 식이섬유 등 좋은 성분들이 떨어져 나가기 때문에 기장을 추가하여 이유식을 만들면 쌀에 부족한 영양소를 보충할 수 있습니다. 또한 비타민A·C가 풍부한 시금치와도 궁합이 좋아 함께 먹는 것을 추천합니다.

요리시간 : 30분
총 열량 : 164kcal

재료
- 불린 기장 5g
- 닭 안심 20g
- 시금치 15g
- 양파 10g
- 밥 70g
- 치즈 1/2장
- 물 or 멸치야채육수(p.15) 250~350ml

TIP
치즈 대신 분유나 우유를 넣어도 맛이 좋습니다. 분유나 우유를 넣을 경우 3번 과정에서 물의 양을 반으로 줄여야 농도 및 추기가 수월해집니다.

1 닭 안심과 끓는 물에 살짝 데친 시금치, 그리고 양파를 칼로 잘게 다집니다.

2 냄비에 불린 기장과 물(멸치야채육수) 100ml를 넣고 5분간 끓입니다.

3 1을 넣고 살짝 볶다가 분량의 남은 물(멸치야채육수)을 넣고 10분간 중불에서 끓입니다.

4 밥을 넣고 잘 저으면서 밥의 무르기와 농도를 맞춥니다.

5 마지막으로 치즈를 넣고 잘 섞으면 완성입니다.

닭고기 표고버섯 무른밥

닭고기는 소화와 흡수가 잘되며 양질의 단백질 식품 중 하나로 영·유아의 두뇌 발달 및 골격 형성에 도움을 주는 필수 아미노산이 풍부합니다. 표고버섯은 비타민B군 및 미네랄성분이 풍부해 닭고기와 함께 먹으면 표고버섯에 부족한 단백질을 보완할 수 있습니다.

요리시간 : 30분
총 열량 : 139kcal

재료
- 닭 안심 20g
- 불린 표고버섯 10g
  (건 표고버섯 5g)
- 시금치 15g
- 당근 10g
- 밥 70g
- 물 or 멸치야채육수(p.15)
  250~350ml

TIP
건 표고버섯은 생 표고버섯에 비해 향이 강하기 때문에 아기들이 싫어할 수 있습니다. 아기가 거부할 경우 생 표고버섯을 먼저 사용해보고 2~3일 정도 간격을 두며 조금씩 시도합니다. 미각이 발달하는 시기에 다양한 향과 맛, 식감을 느끼게 해 주어야 편식을 예방할 수 있습니다.

1

닭 안심과 끓는 물에 살짝 데친 시금치, 불린 표고버섯, 당근을 칼로 잘게 다집니다.

2

냄비에 1과 물(멸치야채육수) 50ml를 넣고 1분간 볶습니다.

3

분량의 남은 물(멸치야채육수)을 모두 넣고 재료가 잘 어우러지도록 10분간 중불에서 푹 끓입니다.

4

밥을 넣고 잘 저으면서 밥의 무르기와 농도를 맞춘 뒤, 불을 끄고 뚜껑을 덮어 1~2분간 뜸을 들이면 완성입니다.

 ## 쑥갓 단호박 무른밥

쑥갓은 뇌 발달에 필요한 비타민A와 C 그리고 철분이 많은 식품으로, 베타카로틴(β
-carotene)이 많은 단호박과 굉장히 궁합이 좋은 식재료입니다. 향이 강한 채소라 과연
어울릴까 싶기도 하지만 맛은 물론 영양까지 챙길 수 있는 이유식입니다.

요리시간 : 30분
총 열량 : 152kcal

재료
- 쑥갓 10g
- 단호박 20g
- 쇠고기 안심 20g
- 양파 10g
- 밥 70g
- 물 or 쇠고기육수(p.16) 250~350ml

TIP
아기들의 입맛은 현재 발달 과정에 있기 때문에 이미 굳어 버린 어른들의 입맛과는 많이 다릅니다. 부모가 싫어한다는 이유로 멀리하는 식품이 있다면 아기의 건강을 위해 이제부터라도 골고루 이유식에 접목시키도록 합니다. 새로운 맛을 많이 접한 아기가 편식하지 않는 아이로 자랍니다.

1 쑥갓은 줄기 부분을 잘라내고 끓는 물에 넣어 30초간 데쳐 찬물에 헹굽니다.

2 찬물에 담가 핏물을 제거한 쇠고기 안심과 데친 쑥갓, 단호박과 양파는 칼로 잘게 다집니다.

3 냄비에 2와 물(쇠고기육수) 50ml를 넣고 1분간 볶습니다.

4 분량의 남은 물(쇠고기육수)을 모두 넣고 재료가 잘 어우러지도록 10분간 중불에서 푹 끓입니다.

5 밥을 넣고 잘 저으면서 밥의 무르기와 농도를 맞춘 뒤, 불을 끄고 뚜껑을 덮어 1~2분간 뜸을 들이면 완성입니다.

# 우엉 양배추 무른밥

우엉은 철분과 칼슘 함량이 높아 두뇌 발달에 좋습니다. 우엉의 하얀 부분은 플라보노이드 (flavonoid) 계열인 폴리페놀(polyphenol)이 함유되어 있어 항암, 항염, 면역 기능 조절 등의 효과가 있습니다. 단단한 뿌리채소인 우엉은 조리 전 한 번 삶은 다음 무른밥을 만들면 다른 야채와도 잘 어울리고 아기들이 먹기에도 수월합니다.

요리시간 : 30분
총 열량 : 158kcal

재료
- 우엉 20g
- 양배추 10g
- 쇠고기 안심 20g
- 당근 10g
- 대파 10g
- 밥 70g
- 물 or 쇠고기육수(p.16) 250~350ml

TIP
- 우엉은 단단하고 곧으며 자른 단면을 보았을 때 바람이 들지 않은 것으로 구입하는 것이 좋습니다. 구입 후 바로 사용하지 않을 경우에는 흙이 묻은 상태로 신문지에 싸서 냉장 보관 합니다.
- 우엉을 잘게 다져 쌀과 함께 밥을 지은 뒤 무른밥을 만들면 좀 더 부드럽게 즐길 수 있습니다.

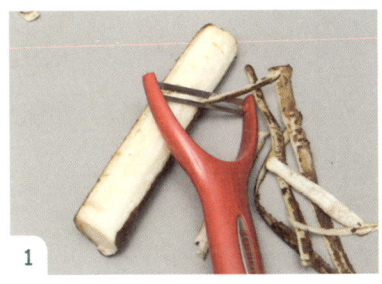

1. 우엉은 깨끗하게 씻어 필러로 껍질을 제거하고, 식초 섞은 물에 30분 정도 담가 떫은맛을 없앱니다.

2. 분량의 우엉을 편으로 썰어 끓는 물에 넣고 3분간 삶은 후 찬물에 헹굽니다.

3. 찬물에 담가 핏물을 제거한 쇠고기 안심과 우엉, 양배추, 당근, 대파를 칼로 잘게 다집니다.

4. 냄비에 3과 물(쇠고기육수) 50ml를 넣어 1분간 살짝 볶습니다.

5. 분량의 남은 물(쇠고기육수)을 모두 넣고 재료가 잘 어우러지도록 15분간 중불에서 끓입니다.

6. 밥을 넣고 잘 저으면서 밥의 무르기와 농도를 맞춘 뒤, 불을 끄고 뚜껑을 덮어 1~2분간 뜸을 들이면 완성입니다.

 ## 깻잎 사과 무른밥

'이유식에 깻잎?' 의아한 생각이 들겠지만 향긋한 깻잎과 단맛이 있는 사과의 궁합은 생각보다 좋습니다. 무엇보다 깻잎에 풍부한 비타민A와 사과에 들어있는 비타민C는 영·유아기 두뇌 및 성장 발달에 매우 필수적인 영양소입니다. 향이 있는 깻잎을 이용하면 우리 아기의 미각과 후각을 깨워주는데도 도움이 됩니다.

요리시간 : 30분
총 열량 : 144kcal

재료
- 깻잎 2장
- 사과 20g
- 닭 안심 20g
- 양파 10g
- 당근 10g
- 밥 70g
- 물 or 멸치야채육수(p.15) 250~350ml

TIP
레시피에 나와 있는 깻잎은 1회 분량이지만 3회 분량으로 만들 경우, 깻잎을 똑같이 3배로 넣으면 쓴맛이 날 수 있으니 1.5배만 넣도록 합니다.

1 깻잎은 질긴 줄기를 제거하고 사과, 당근, 양파와 함께 칼로 잘게 다집니다.

2 닭 안심은 얇은 막을 제거하고 칼로 잘게 다집니다.

3 냄비에 1과 2, 물(멸치야채육수) 100ml를 넣고 3분간 중불에서 끓입니다.

4 분량의 남은 물(멸치야채육수)을 모두 넣고 재료가 잘 어우러지도록 중불에서 10분간 끓입니다.

5 밥을 넣고 잘 저으면서 밥의 무르기와 농도를 맞춘 뒤, 불을 끄고 뚜껑을 덮어 1~2분간 뜸을 들이면 완성입니다.

쪽파 연근 무른밥

쪽파는 비타민A와 C가 풍부하며 연근은 비타민C와 철분, 식이섬유소를 다량 함유하고 있습니다. 야채의 충분한 비타민C가 쇠고기의 철분 흡수를 도와주기 때문에 영·유아기 뇌의 집중력 향상에 도움이 됩니다.

요리시간 : 40분
총 열량 : 154kcal

재료
- 쪽파 15g
- 연근 20g
- 쇠고기 안심 20g
- 밥 70g
- 물 or 쇠고기육수(p.16) 250~350ml

TIP
연근 껍질을 벗긴 후 바로 사용하지 않을 경우에는 식초 섞은 물에 담가 갈변을 예방합니다.

연근 손질하는 방법

1. 흙이 묻은 연근을 깨끗하게 씻은 후 필러로 껍질을 벗겨 적당한 두께로 썹니다.

2. 냄비에 연근이 잠길 정도의 물을 붓고 5분간 삶습니다.

3. 잘 익은 연근을 적당한 크기로 썰어 1회 분량씩 소분해 냉동 보관 합니다.

1. 껍질을 벗긴 연근을 끓는 물에 5분간 삶아서 식힙니다.

2. 찬물에 담가 핏물을 제거한 쇠고기 안심과 삶은 연근, 쪽파를 칼로 잘게 다집니다.

3. 냄비에 2와 물(쇠고기육수) 100ml를 넣고 1~2분간 살짝 볶습니다.

4. 분량의 남은 물(쇠고기육수)을 모두 넣고 재료들이 어우러지도록 중불에서 10분간 끓입니다.

5. 밥을 넣고 잘 저으면서 밥의 무르기와 농도를 맞춘 뒤, 불을 끄고 뚜껑을 덮어 1~2분간 뜸을 들이면 완성입니다.

 ## 참나물 쇠고기 무른밥

참나물에 많은 비타민A는 치아, 골격과 연조직, 건강한 피부 등 영·유아기 성장 발달에 중요한 영양소입니다. 특히, 비타민A의 전구체가 되는 베타카로틴(β-carotene)은 항산화성분으로 몸속 활성산소로부터 세포를 보호합니다. 참나물은 육류와 잘 어울리니 고기요리에 다양하게 활용하는 것이 좋습니다.

요리시간 : 30분
총 열량 : 147kcal

재료
- 참나물 15g
- 양파 10g
- 당근 10g
- 쇠고기 안심 20g
- 밥 70g
- 물 or 쇠고기육수(p.16) 250~350ml

TIP
8~9월에 나는 제철 참나물이 향도 짙고 영양가도 높습니다. 살짝 데친 참나물을 냉동하면 1~2달 정도 보관할 수 있으니 제철에 구입해 손질한 뒤 1회 분량씩 소분해 보관합니다.

1. 참나물의 질긴 줄기 부분을 제거하고 끓는 물에 30초간 데친 뒤 찬물에 헹굽니다.

2. 찬물에 담가 핏물을 제거한 쇠고기 안심과 데친 참나물, 양파, 당근을 칼로 잘게 다집니다.

3. 냄비에 2와 물(쇠고기육수) 50ml를 넣어 1분간 살짝 볶습니다.

4. 분량의 남은 물(쇠고기육수)을 모두 넣고 재료가 어우러지도록 10~15분간 중불에서 끓입니다.

5. 밥을 넣고 잘 저으면서 밥의 무르기와 농도를 맞춘 뒤, 불을 끄고 뚜껑을 덮어 1~2분간 뜸을 들이면 완성입니다.

가지 쇠고기 무른밥

짙은 보라색의 가지는 안토시아닌(anthocyanin) 색소를 가지고 있는 대표적인 식품으로 항암 효과가 뛰어나고 비타민A의 함량이 높아 기름을 사용해 조리하면 영양소 흡수율을 높일 수 있습니다. 또한 수분이 90% 이상이기 때문에 익혔을 때 부드러워 아기들이 거부감 없이 즐길 수 있습니다.

요리시간 : 25분
총 열량 : 144kcal

재료
- 가지 20g
- 쇠고기 안심 20g
- 무 10g
- 밥 70g
- 물 or 쇠고기육수(p.16) 250~350ml

TIP
- 가지는 썰어두면 금방 갈변이 되기 때문에 바로 사용하지 않을 경우에는 물에 담가 갈변을 예방하도록 합니다.
- 볶은 가지 위에 치즈를 올린 뒤 전자레인지에 살짝 데우면 아기들 간식으로 아주 좋습니다.

1 찬물에 담가 핏물을 제거한 쇠고기 안심과 가지, 무를 칼로 잘게 다집니다.

2 냄비에 1과 물(쇠고기육수) 50ml를 넣고 1분간 살짝 볶습니다.

3 분량의 남은 물(쇠고기육수)을 모두 넣고 재료가 잘 어우러지도록 10~15분간 중불에서 푹 끓입니다.

4 밥을 넣고 잘 저으면서 밥의 무르기와 농도를 맞춘 뒤, 불을 끄고 뚜껑을 덮어 1~2분간 뜸을 들이면 완성입니다.

 팽이버섯 근대 무른밥

철분과 비타민B_1, 비타민C가 풍부한 팽이버섯은 유아기 두뇌 발달 중 특히 집중력 발달에 도움이 되는 식품입니다. 팽이버섯은 이유식부터 유아식까지 폭넓게 사용되는 재료로 맛과 영양을 보완해 줄 수 있기 때문에 소량이더라도 자주 섭취하는 것을 권장합니다.

요리시간 : 30분
총 열량 : 133kcal

재료
- 팽이버섯 20g
- 근대 10g
- 닭 안심 20g
- 양파 10g
- 당근 10g
- 밥 70g
- 물 or 멸치야채육수(p.15) 250~350ml

TIP
팽이버섯은 봉지째 보관하는 것이 가장 오래 보관하는 방법이지만 이미 포장을 뜯었을 경우에는 신문지에 싸서 보관하면 조금 더 신선하게 오래 보관할 수 있습니다.

1. 닭 안심과 팽이버섯, 끓는 물에 살짝 데친 근대, 당근, 양파를 칼로 잘게 다집니다.

2. 냄비에 1과 물(멸치야채육수) 50ml를 넣고 1분간 살짝 볶습니다.

3. 분량의 남은 물(멸치야채육수)을 모두 넣고 재료가 어우러지도록 10분간 중불에서 끓입니다.

4. 밥을 넣고 잘 저으면서 밥의 무르기와 농도를 맞춘 뒤, 불을 끄고 뚜껑을 덮어 1~2분간 뜸을 들이면 완성입니다.

 ## 대추 검은콩 무른밥

대추와 닭고기가 들어가 삼계죽을 연상시키는 이유식입니다. 필수 아미노산이 풍부한 검은콩은 영·유아기 성장 발달에 굉장히 중요한 영양소이며 오래 끓일수록 단맛이 나는 대추와의 궁합이 정말 좋습니다.

요리시간 : 50분
총 열량 : 190kcal

재료
- 건대추 5g (씨 제거 후 2.5개)
- 불린 검은콩 20g (마른 콩 12g)
- 닭 안심 20g
- 양파 10g
- 당근 10g
- 밥 70g
- 물 or 멸치야채육수(p.15) 250~350ml

TIP
- 건대추를 흐르는 물에 충분히 씻은 후 따뜻한 물(약 60~70℃)에 담가두면 먼지 및 이물질을 제거할 수 있고, 까슬까슬한 대추 껍질을 1차적으로 조금 부드럽게 만들 수 있습니다.
- 검은콩을 으깰 때는 숟가락 대신 절구를 사용하면 더욱 쉽습니다.

건대추 손질하는 방법

1. 건대추는 흐르는 물에 깨끗하게 씻은 후 따뜻한 물에 담가 10분 이상 불립니다.

2. 불린 대추를 돌려 깎아 씨를 제거하고 얇게 채 썬 후 곱게 다지면 완성입니다.

1. 6시간 이상 불린 검은콩의 껍질을 제거하고 30분 정도 푹 삶아 숟가락으로 곱게 으깹니다.(p.89 참고).

2. 닭 안심과 씨를 제거한 대추, 양파, 당근도 칼로 잘게 다집니다.

3. 냄비에 1과 2, 물(멸치야채육수) 100ml를 넣고 1분간 살짝 볶습니다.

4. 분량의 남은 물(멸치야채육수)을 넣고 재료들이 어우러지도록 중불에서 10분간 끓입니다.

5. 밥을 넣고 잘 저으면서 밥의 무르기와 농도를 맞춘 뒤, 불을 끄고 뚜껑을 덮어 1~2분간 뜸을 들이면 완성입니다.

렌틸콩 연두부 무른밥

렌틸콩은 단백질과 식이섬유가 풍부하게 함유되어 있고 엽산과 비타민 B_1, 철분 등이 들어있어 항산화작용 및 항암작용, 면역력 강화, 변비와 빈혈예방에 도움이 됩니다. 충분히 익힌 렌틸콩은 고소하며 단백하고 소화 흡수율도 좋아 이유식에 자주 사용하는 식재료입니다.

요리시간 : 30분
총 열량 : 146kcal

재료
- ☐ 불린 렌틸콩 10g
- ☐ 연두부 30g
- ☐ 비트 10g
- ☐ 양파 20g
- ☐ 밥 70g
- ☐ 물 or 멸치야채육수(p.15) 250~350ml

TIP
- 렌즈를 닮았다하여 렌즈콩이라고도 불리는 렌틸콩은 1~2시간만 불려도 껍질을 쉽게 벗길 수 있지만 껍질을 벗기는 것이 번거로울 경우에는 쌀에 넣어 함께 밥을 지어도 좋습니다.
- 삶은 렌틸콩과 감자를 섞어 퓨레를 만들거나 야채와 함께 걸쭉한 스프를 만들어 간식으로 즐겨도 좋습니다.

1 렌틸콩을 3시간 정도 불린 뒤 손으로 살살 비벼 껍질을 제거합니다.

2 분량의 연두부를 준비하고 비트와 양파는 칼로 잘게 다집니다.

3 냄비에 1과 물(멸치야채육수) 100ml를 넣고 5분간 삶습니다.

4 비트와 양파, 그리고 분량의 남은 물(멸치야채육수)을 넣고 재료들이 어우러지도록 15분간 끓입니다.

5 밥을 넣고 잘 저으면서 밥의 무르기와 농도를 맞춥니다.

6 마지막으로 연두부를 넣고 1분간 더 끓인 뒤, 불을 끄고 뚜껑을 덮어 1~2분간 뜸을 들이면 완성입니다.

 조기 쥬키니호박 무른밥

조기는 단백질 함량이 우수하고 필수 지방산도 풍부하기 때문에 영·유아기 두뇌 발달에 도움이 되고, 학습 능력을 향상시키는 효과가 있습니다. 또한 비타민A와 칼슘, 인 등이 매우 풍부한 식품입니다.

요리시간 : 40분
총 열량 : 164kcal

재료
- 익힌 조기살 30g
- 쥬키니호박 20g
- 양송이버섯 20g
- 밥 70g
- 물 or 멸치야채육수(p.15) 250~350ml

TIP
냉동 조기는 냉장실에서 2~3시간 정도 해동시켜 비늘을 제거하고 쌀뜨물에 10분간 담근 후 사용하면 비린내를 제거할 수 있습니다.

1. 조기의 비늘을 칼로 긁어 제거한 후 김이 올라오는 찜기에 넣어 10분간 찝니다.

2. 조기의 잔가시가 들어가지 않도록 살만 잘 발라서 준비합니다.

3. 쥬키니호박과 양송이버섯은 칼로 잘게 다집니다.

4. 냄비에 3과 분량의 물(멸치야채육수)을 모두 넣어 재료들이 어우러지도록 중불에서 10분간 끓입니다.

5. 2와 밥을 넣고 잘 저으면서 밥의 무르기와 농도를 맞춘 뒤, 불을 끄고 뚜껑을 덮어 1~2분간 뜸을 들이면 완성입니다.

 갈치 단호박 무른밥

갈치는 단백질 함량이 풍부하고 필수 아미노산 중 라이신(lysine)을 많이 함유하고 있어 유아기 성장 발육에 도움이 되는 식품입니다. 흰살 생선 중 비교적 지방이 많은 편이지만 이는 불포화 지방산으로 리놀레산(linoleic acid)과 EPA, DHA 등이 많아 두뇌 발달에 좋습니다.

요리시간 : 30분
총 열량 : 198kcal

재료
- 갈치 1토막 (익힌 갈치살 30g)
- 단호박 20g
- 팽이버섯 10g
- 대파 10g
- 밥 70g
- 물 or 멸치야채육수(p.15) 250~350ml

TIP
- 갈치의 은색 껍질에는 구아닌(Guanine)이라는 성분이 들어있는데 이는 복통 및 두드러기를 유발할 수 있습니다. 때문에 조리 전 은색 껍질을 칼로 긁어낸 후 쌀뜨물에 30분 정도 담갔다가 익히는 것이 좋습니다.
- 무를 얇게 썰어 갈치의 위 아래에 넣고 찌면 비린내를 조금 없앨 수 있습니다. 비릿한 냄새에 민감한 아기들은 생선이 들어간 이유식을 거부할 수 있으니 소량씩 넣어가며 점차적으로 양을 늘리는 것이 좋습니다.

1 갈치를 깨끗이 손질해 김이 올라오는 찜기에 올린 뒤 약 8분간 익혀 가시를 제거하고 살만 발라냅니다.

2 단호박은 0.5cm 크기로 썰고 팽이버섯과 대파는 칼로 잘게 다집니다.

3 냄비에 2와 분량의 물(멸치야채육수)을 모두 넣고 재료가 어우러지도록 10분간 중불에서 끓입니다.

4 밥을 넣고 잘 저으면서 밥의 무르기와 농도를 맞춥니다.

5 마지막에 1을 넣고 1분간 더 끓이면 완성입니다.

 ## 동태살 청경채 무른밥

동태는 대구와 마찬가지로 대표적인 흰살 생선이며 지방 함량은 적지만 성장에 필요한 필수 아미노산 및 비타민B_2, 인의 함량이 높은 식품입니다. 다른 생선에 비해 비린내가 덜 나기 때문에 생선을 좋아하지 않는 아기들도 거부감 없이 쉽게 먹을 수 있습니다.

요리시간 : 30분
총 열량 : 130kcal

재료
- ☐ 동태살 30g
- ☐ 청경채 15g
- ☐ 감자 10g
- ☐ 양파 10g
- ☐ 당근 10g
- ☐ 밥 70g
- ☐ 물 or 멸치야채육수(p.15) 250~350ml

TIP
저는 동태전 용 동태살을 구입해 실온에 10분 정도 두었다가 1회 분량씩 재빨리 소분해 냉동 보관 해둡니다. 완전히 해동된 동태를 다시 얼릴 경우 살이 퍽퍽해지고 비린내도 심해지기 때문에 녹기 전에 빠르게 소분하는 것이 중요합니다.

1. 냉동 동태살을 냉장실에서 해동하여 사방 0.5cm 크기로 썹니다. 가시가 있을 수 있으니 손으로 잘 만져 가시를 제거합니다.

2. 청경채는 끓는 물에 살짝 데치고 감자와 양파, 당근과 함께 칼로 잘게 다집니다.

3. 냄비에 2와 물(멸치야채육수) 100ml를 넣고 3분간 중불에서 끓입니다.

4. 1을 넣고 살짝 섞은 뒤 분량의 남은 물(멸치야채육수)을 모두 넣어 재료들이 어우러지도록 중불에서 10분간 끓입니다.

5. 밥을 넣고 잘 저으면서 밥의 무르기와 농도를 맞춘 뒤, 불을 끄고 뚜껑을 덮어 1~2분간 뜸을 들이면 완성입니다.

 가자미 애호박 무른밥

흰살 생선 중에서도 살이 단단한 편에 속히는 가자미는 비타민B_1·B_2, 나이아신(niacin)이 풍부한 식품입니다. 그중 나이아신은 영양소들로부터 에너지를 생성하는 대사과정에 필수적인 조효소 역할을 하기 때문에 충분히 섭취하는 것이 좋습니다.

요리시간 : 30분
총 열량 : 148kcal

재료
- 냉동 순살 가자미 30g
- 애호박 30g
- 사과 10g
- 밥 70g
- 물 or 멸치야채육수(p.15) 250~350ml

TIP
- 생물 또는 냉동 가자미 원물을 사용할 경우에는 찜기에 10분 정도 찐 후에 가시를 제거하고 사용하면 됩니다.
- 손질된 냉동 생선을 구입해 두면 훨씬 편리하게 다양한 이유식을 만들어 줄 수 있습니다.

1. 냉동 순살 가자미를 사방 0.5cm 크기로 썰어 준비합니다. 그냥 사용해도 되지만 찜기에 쪄서 사용해도 좋습니다.

2. 애호박과 사과는 칼로 잘게 다집니다.

3. 냄비에 2와 물(멸치야채육수) 100ml를 넣고 살짝 볶다가 1을 넣고 1분간 더 볶습니다.

4. 분량의 남은 물(멸치야채육수)을 모두 넣고 재료가 어우러지도록 10분간 중불에서 끓입니다.

5. 밥을 넣고 잘 저으면서 밥의 무르기와 농도를 맞춘 뒤, 불을 끄고 뚜껑을 덮어 1~2분간 뜸을 들이면 완성입니다.

 잔멸치 브로콜리 무른밥

칼슘과 인, 철분의 함량이 높은 잔멸치는 어린이 성장 발육 및 골격 형성에 매우 중요한 식품입니다. 다만 염분의 함량이 조금 높기 때문에, 조리 시 비타민과 미네랄이 충분한 채소(브로콜리, 감자)와 함께 만들어 체내 나트륨 배설에 도움을 주는 것이 좋습니다.

요리시간 : 30분
총 열량 : 132kcal

재료
- 잔멸치 7g
- 불린 차조 5g
- 브로콜리 20g
- 감자 10g
- 밥 70g
- 물 or 멸치야채육수(p.15) 250~350ml

TIP
멸치를 찬물에 30분 이상 담가 두었다가 체에 밭쳐 물기를 빼고 마른 팬에 볶아서 사용하면 염분은 물론 비린내도 제거할 수 있습니다.

1. 잔멸치를 마른 팬에 볶은 뒤 키친타월로 감싸 칼등으로 두들겨 곱게 다지거나, 분쇄기를 이용해 갈아둡니다.

2. 끓는 물에 살짝 데친 브로콜리는 감자와 함께 칼로 잘게 다집니다.

3. 냄비에 불린 차조와 물(멸치야채육수) 100ml를 넣고 5분간 중불에서 끓입니다.

4. 1과 2를 넣고 분량의 남은 물(멸치야채육수)을 모두 넣어 재료들이 어우러지도록 중불에서 10분간 끓입니다.

5. 밥을 넣고 잘 저으면서 밥의 무르기와 농도를 맞춘 뒤, 불을 끄고 뚜껑을 덮어 1~2분간 뜸을 들이면 완성입니다.

 달걀노른자 애호박 무른밥

달걀노른자에 들어있는 레시틴(lecithin)은 비타민F라 불리는 필수 지방산과 인, 콜린(choline), 이노시톨(Inositol)이 결합된 복합물질로 특히 콜린은 두뇌 활동에 도움을 주어 기억력을 향상시킵니다. 또한 철분 함량이 높은 식품이기 때문에 이유식에 즐겨 사용하는 재료 중 하나입니다.

요리시간 : 40분
총 열량 : 147kcal

재료
- ☐ 삶은 달걀노른자 1/2개 (약 7g)
- ☐ 동태살 20g
- ☐ 애호박 30g
- ☐ 양파 10g
- ☐ 밥 70g
- ☐ 물 or 멸치야채육수(p.15) 250~350ml

TIP
달걀을 완숙으로 삶는 방법
냄비에 달걀을 넣고 달걀이 잠길 정도의 물과 소금 1작은술을 넣어 삶습니다. 물이 끓기 시작해 13분(일반란 기준) 정도 지나면 완숙으로 삶아집니다.

1. 살짝 해동한 동태살을 사방 0.5cm 크기로 자르고, 완숙으로 삶은 달걀노른자는 포크로 으깨 준비합니다.

2. 애호박과 양파는 칼로 잘게 다집니다.

3. 냄비에 2와 물(멸치야채육수) 100ml를 넣고 볶다가 준비한 동태살을 넣고 1분간 살살 볶습니다.

4. 분량의 남은 물(멸치야채육수)을 모두 넣고 재료들이 어우러지도록 중불에서 10분간 끓입니다.

5. 밥을 넣고 잘 저으면서 밥의 무르기와 농도를 맞춥니다.

6. 완성되기 바로 전에 으깬 달걀노른자를 넣고 섞으면 완성입니다.

김 콜리플라워 무른밥

김은 요오드(iodine)의 함량이 높아 아기의 두뇌 발달에 필수적인 갑상선 호르몬을 생성하는데 도움을 주는 식품입니다. 비타민A와 철분의 함량 또한 높기 때문에 비타민C가 풍부한 콜리플라워와의 궁합이 아주 좋습니다.

요리시간 : 20분
총 열량 : 148kcal

재료
- 김 1/2장 (사방 5cm 9개)
- 콜리플라워 30g
- 쇠고기 안심 20g
- 밥 70g
- 물 or 쇠고기육수(p.16) 200~250ml

TIP
- 죽이나 밥에 김을 사용할 경우, 마른 팬에 한번 구우면 해조류의 비린 맛을 제거할 수 있습니다.
- 김 대신 미역이나 파래를 넣어도 좋습니다.

1 콜리플라워를 끓는 물에 살짝 데쳐서 준비합니다.

2 찬물에 담가 핏물을 제거한 쇠고기 안심과 데친 콜리플라워를 칼로 잘게 다지고, 김은 적당한 크기로 자릅니다.

3 냄비에 2와 물(쇠고기육수) 100ml를 넣고 1~2분간 볶다가 분량의 남은 물(쇠고기육수)을 넣고 10분간 끓입니다.

4 밥을 넣고 잘 저으면서 밥의 무르기와 농도를 맞춘 뒤, 불을 끄고 뚜껑을 덮어 1~2분간 뜸을 들이면 완성입니다.

 ## 잣 영양부추 무른밥

후기 이유식부터 사용할 수 있는 유일한 견과류로 고소한 맛이 일품인 잣은 비타민E가 풍부해 혈관이나 뇌 세포 형성을 활성화하여 기억력 향상에 도움을 줍니다. 함께 사용한 영양부추는 비타민A가 풍부하며, 일반 부추보다 향이 약하고 부드러워 이유식에 사용하기 아주 좋습니다.

요리시간 : 30분
총   열량 : 161kcal

재료
- 잣 5g
- 영양부추 15g
- 닭 안심 20g
- 양파 10g
- 당근 10g
- 밥 70g
- 물 or 멸치야채육수(p.15) 250~350ml

TIP
잣을 다질 때 아래에 키친타월을 깔면 도마에 기름이 배지 않아 좋습니다. 많은 양의 이유식을 만들 경우에는 분쇄기를 사용하는 것이 편리합니다.

1. 잣과 영양부추, 양파, 당근을 칼로 잘게 다집니다.

2. 닭 안심은 하얀 막을 제거하고 칼로 잘게 다집니다.

3. 냄비에 잣을 제외한 1과 2, 물(멸치야채육수) 100ml를 넣어 1분간 볶습니다.

4. 분량의 남은 물(멸치야채육수)을 모두 넣어 재료들이 어우러지도록 중불에서 10분간 끓입니다.

5. 곱게 다진 잣과 밥을 넣고 잘 저으면서 밥의 무르기와 농도를 맞춘 뒤, 불을 끄고 뚜껑을 덮어 1~2분간 뜸을 들이면 완성입니다.

치즈 동태살 무른밥

우리 아기가 굉장히 좋아했던 이유식입니다. 칼슘과 단백질, 지방이 풍부한 치즈와 필수 아미노산을 함유하고 있는 동태살의 만남은 맛은 물론 영·유아기 두뇌 발달에 굉장히 유익합니다. 또한 달콤하고 부드러운 단호박은 베타카로틴(β-carotene)이 풍부해 면역력 강화에 도움이 됩니다.

요리시간 : 40분
총 열량 : 158kcal

재료
- 동태살 3g
- 치즈 1/2장
- 단호박 20g
- 양파 10g
- 당근 10g
- 밥 70g
- 물 or 멸치야채육수(p.15) 250~350ml

TIP
단호박 대신 애호박이나 고구마로 대체할 수 있습니다. 레시피 속 야채들이 없다면 비슷한 식감이나 향이 있는 다른 야채들을 넣어 새롭게 만들어 보는 것도 좋습니다.

1 냉동 동태살을 냉장실에서 해동하여 사방 0.5cm 크기로 썹니다. 가시가 있을 수 있으니 손으로 잘 만져 가시를 제거합니다.

2 단호박은 껍질을 벗기고 양파, 당근과 함께 칼로 잘게 다집니다.

3 냄비에 2와 물(멸치야채육수) 100ml를 넣고 3분간 중불에서 끓이다가 1을 넣고 살짝 볶습니다.

4 분량의 남은 물(멸치야채육수)을 모두 넣고 재료들이 어우러지도록 중불에서 10분간 끓입니다.

5 밥을 넣고 잘 저으면서 밥의 무르기와 농도를 맞춥니다.

6 마지막으로 치즈를 넣어 잘 섞으면 완성입니다.

간식

수제 요거트

요거트는 우유 속의 단백질과 비타민A·B_2, 칼슘, 망간 등의 무기질이 풍부한 식품입니다. 또한 단백질과 지방이 유산균에 의해 분해되어 있기 때문에 소화·흡수가 쉬운 편입니다. 집에서 만드는 요거트는 당류 등의 첨가물을 넣지 않았기 때문에 안심도 되고, 다양한 과일을 넣어 응용할 수 있어서 아기들에게 더할 나위 없이 좋은 간식입니다.

요리시간 : 9시간
총 열량 : 695kcal
분 량 : 10회

재료
- 우유 1000ml
- 떠먹는 플레인요거트 1개 (85g)

요거트 제조기로 만들기

1. 요거트를 담을 용기는 끓는 물에 넣어 열탕 소독한 후 물기를 제거합니다.

2. 우유에 플레인요거트를 넣어 잘 섞습니다.

3. 2를 용기에 나눠 담고 요거트 제조기에 올려 9시간 뒤에 꺼내 냉장 보관하면 완성입니다.

요리시간 : 10시간 이상
총 열량 : 162kcal
분 량 : 3회

재료
- 우유 200ml
- 마시는 플레인요거트 50ml (1/3병)

TIP
- 발효 중에 전자레인지의 문을 절대 열지 않습니다.
- 유산균이 좋아하는 온도는 37°C이므로 우유를 너무 뜨겁게 데우지 않도록 합니다.
- 전자레인지의 출력과 계절(여름/겨울)에 따라 완성 시간은 달라질 수 있습니다.

전자레인지로 만들기

1. 요거트를 만들기 전에 전자레인지용 유리용기를 열탕 소독한 뒤 물기를 제거해 준비합니다.

2. 먼저 우유만 전자레인지에 30초(가정용 700W 기준)간 데운 후 플레인요거트를 넣어 잘 섞습니다.

3. 2를 유리용기에 1회분씩 나눠 담고 전용커버를 덮은 뒤 전자레인지에 넣어 20초간 돌린 후 그대로 10시간 이상 둡니다.

4. 10시간이 지난 요거트를 냉장고에 2시간 이상 보관해 되직해지면 완성입니다.

간식

망고 요거트

엄마표 수제 요서트에 생과일을 그대로 올리면 정말 맛있는 간식이 됩니다. 과일의 여왕이라고 불리는 망고는 비타민A·C의 함량이 굉장히 높은데, 특히 베타카로틴(β-carotene)의 영향으로 면역력 증강뿐 아니라 성장 및 시력 강화에도 도움을 줍니다.

요리시간 : 5분
총 열량 : 110kcal

재료
- 수제 요거트(p.168) 100g
- 망고 60g

1. 수제 요거트와 망고 그리고 요거트를 담을 용기를 준비합니다.

2. 용기에 요거트를 1/3 정도 담고 잘게 썬 망고를 반쯤 올립니다. 그 위에 다시 요거트를 넣고 남은 망고로 장식하면 완성입니다.

TIP
망고 손질하는 방법

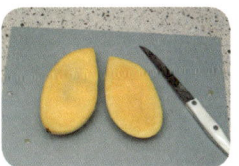

1. 망고는 가운데에 있는 납작한 씨를 중심으로 양쪽 면을 칼로 자릅니다.

2. 망고를 한 손으로 잡고 칼로 격자무늬의 칼집을 넣습니다.

3. 양손으로 망고를 잡고 뒤집어 하나씩 떼어내면 완성입니다.

간식

팬케이크

시중에서 판매하는 케이크믹스의 익숙한 맛은 아니지만 손수 만든 팬케이크야말로 우리 아기의 간식으로 제격입니다. 집에 있는 재료로 뚝딱 만들 수 있어 좋고 탄수화물, 단백질, 지방 등 필수 영양소가 듬뿍 담겨 있어 한 끼 식사로도 거뜬합니다.

요리시간 : 15분
총 열량 : 415kcal
분 량 : 2회

재료
- 밀가루 50g
- 달걀 1개
- 우유 150ml
- 버터 7g

TIP
- 저는 10cm 미니 무쇠팬을 사용해서 팬케이크를 만들었습니다. 넓은 팬에 작게 구워도 좋지만 작은 사이즈의 팬을 사용하면 조금 더 두툼하게 구울 수 있어서 좋습니다.
- 바나나 블루베리 퓨레(p.174)와 함께 먹으면 잘 어울립니다.

1. 분량의 밀가루를 미리 체 쳐서 놓고 우유, 달걀, 버터는 실온의 상태로 준비합니다.

2. 볼에 달걀을 풀고 체 친 밀가루를 넣어 날가루가 보이지 않도록 잘 섞습니다.

3. 우유를 1/3 정도만 넣고 덩어리지지 않게 잘 풀어준 다음 남은 우유를 조금씩 부어가며 묽은 반죽을 만듭니다.

4. 팬을 달군 뒤 약불로 줄이고 버터를 조금 넣어 녹인 다음 반죽을 붓습니다. 윗면에 기포가 생기고 손으로 만졌을 때 손에 반죽이 묻어나지 않으면 뒤집어 완성합니다.

간식

바나나 블루베리 퓨레

컬러푸드의 대명사인 블루베리를 사용하여 퓨레를 만들었습니다. 블루베리는 안토시아닌 (anthocyanin) 색소가 풍부하며 항산화효과가 있고 칼슘과 철, 망간의 함량도 높은 편입니다. 여기에 달달한 바나나를 넣으면 설탕이나 꿀을 추가하지 않아도 아기들이 먹기 좋은 적당한 단맛을 낼 수 있습니다.

요리시간 : 10분
총 열량 : 134kcal
분 량 : 4회

재료
- 바나나 1개 (130g)
- 냉동 블루베리 80g

TIP
- 덜 익은 바나나는 탄닌(tannin) 성분으로 떫은맛이 나기 때문에 검은 반점이 생길 정도로 완전히 익은 바나나를 사용하는 것이 좋습니다. 또한 냉동 보관했던 바나나를 사용해도 좋습니다.
- 퓨레가 너무 되직할 경우 2번 과정에서 물을 1~2 숟가락 정도 넣어 농도를 조절합니다.

1
바나나는 껍질을 벗겨 적당한 크기로 썰고 냉동 블루베리는 미리 꺼내 살짝 해동시킵니다.

2
팬에 1을 넣고 약불로 뭉근하게 끓이다가 수분이 생기면 주걱으로 바나나와 블루베리를 으깨며 잘 섞으면 완성입니다.

3
완성된 퓨레는 소분용기에 1회 분량씩 담아 냉동하면 한 달 정도 보관이 가능합니다.

간식

당근 오트밀 머핀

밀가루 대신 철분과 인, 비타민B_1의 함량이 많은 오트밀을 넣어 머핀을 만들었습니다. 귀리를 가공해 만든 오트밀은 다른 곡류보다 훨씬 더 많은 단백질이 함유되어 있기 때문에 한 끼 식사로도 손색이 없는 든든한 간식을 만들 수 있습니다.

요리시간 : 30분
(오　　　븐 : 190℃ 20분)
총　열　량 : 296kcal

📷 재료
- 당근 70g
- 바나나 1/2개 (70g)
- 오트밀 3큰술 (50g)
- 카놀라유 1작은술
- 우유 20g

💡 TIP
- 오븐 사양에 따라 굽는 시간은 달라지지만 반죽을 70% 담았을 때 15분, 가득 담았을 때 20분간 굽는 것을 권장합니다.
- 사과도 오트밀과 잘 어울리기 때문에 당근이나 바나나 대신 사과를 넣어도 좋습니다.
- 아기가 먹지 않는 야채가 있다면 기본 레시피에서 주재료를 조금씩 바꿔가며 머핀을 만들어 섭취를 유도하는 것도 좋습니다.

1 당근은 깨끗이 씻어 껍질을 벗기고 분량의 바나나와 오트밀, 우유, 카놀라유와 함께 준비합니다.

2 1을 믹서에 넣고 곱게 갈아 반죽을 만듭니다.

3 머핀 틀에 유산지를 깔고 반죽을 담은 후 190℃로 예열된 오븐에 넣어 15~20분간 구우면 완성입니다.

PART 4.

완료기 이유식
(13~15개월)

PART
4

완료기 이유식(13~15개월)
다양한 식품 골고루 먹기

이제 아기도 엄마와 아빠가 먹는 음식을 거의 다 먹을 수 있는 시기입니다. 하지만 이 시기에 새로운 음식을 먹으려고 하지 않거나 특정 음식을 거부하는 모습이 보일 수 있습니다. 편식하지 않도록 식사 규칙(같은 장소, 같은 시간)을 정하거나 거부하는 식품을 자주 노출시켜 아기가 친숙함을 느낄 수 있도록 해주는 것이 좋습니다. 또한 부모와 아기가 함께 식사하는 시간을 많이 가지면 가질수록 아기들의 편식 습관이 줄어드니 참고하도록 합니다. 이 시기에 간식의 섭취가 지나치게 많을 경우 식사에 나쁜 영향을 줄 수 있으므로 건강한 간식을 활용해 식사에 방해가 되지 않는 범위 내에서 제공하는 것이 좋습니다.

완료기 이유식 횟수 : 1일 3회(아침/점심/저녁) + 간식 2회(오전/오후)
완료기 이유식 양   : 평균 120 ~ 200g

완료기 이유식 식사 스케줄 한눈에 알아보기

오전 7 ~ 12시	이유식	수유 횟수 1~3회
	간식(모유 or 우유)	
	이유식	
오후 12시 ~ 잠들기 전	간식(모유 or 우유)	이유식 횟수 3회
	이유식	
	모유 or 우유	

완료기 이유식 한 달 식단표

- **완료기 이유식 식단표 짜기 TIP**
    - 매끼 쇠고기, 닭고기, 돼지고기, 생선 등 단백질 식품이 들어갈 수 있도록 메뉴를 구성합니다.
    - 일주일에 1~2끼 정도는 밥 대신 국수나 파스타 등 면 요리를 구성해 음식의 다양성을 맛보여줍니다.
    - 이유식을 마무리하는 단계이자 유아식으로 넘어가는 단계인만큼 거의 모든 식품을 맛볼 수 있습니다. 책에 나와 있는 레시피를 기준으로 식단표를 짜고 들어가는 재료와 조리법에 변화를 주면 새로운 음식을 만들 수 있습니다.

Type A. 완료기 이유식 식단표

SUN	MON	TUE	WED	THU	FRI	SAT
		1 소고기 배추 국수(p.184) 옥수수 동태살 덮밥(p.186) 닭고기 시금치 밥(p.198)	2	3	4 소고기 피망 덮밥(p.190) 황태 표고버섯 밥(p.200) 돼지고기 고구마 밥(p.192)	5
6	7 돼지고기 영양부추 밥(p.194) 토마토 스파게티(p.188) 연어 크림 덮밥(p.204)	8	9	10 아스파라거스 대구살 덮밥(p.206) 돼지고기 브로콜리 볶음밥(p.196) 검은깨 파프리카 밥(p.212)	11	12
13 새우 부추 덮밥(p.202) 닭고기 브로콜리 리소토(p.208) 소고기 송이버섯 밥(p.210)	14	15	16 소고기 톳 밥(p.214) 옥수수 동태살 덮밥 닭고기 시금치 밥	17	18	19 돼지고기 고구마 밥 황태 표고버섯 밥 소고기 배추 국수
20	21	22 연어 크림 덮밥 돼지고기 브로콜리 볶음밥 소고기 피망 덮밥	23	24	25 아스파라거스 대구살 덮밥 소고기 송이버섯 밥 닭고기 브로콜리 리소토	26
27	28 검은깨 파프리카 밥 소고기 톳 밥 새우 부추 덮밥	29	30			

Type B. 완료기 이유식 식단표

* 글씨: 새롭게 추가하는 밥

SUN	MON	TUE	WED	THU	FRI	SAT
		1 쇠고기 배추 국수(p.184) 옥수수 동태살 덮밥(p.186) 닭고기 시금치 밥(p.198)	2 옥수수 동태살 덮밥 닭고기 시금치 밥 쇠고기 피망 덮밥(p.190)	3 옥수수 동태살 덮밥 쇠고기 피망 덮밥 돼지고기 고구마 밥(p.192)	4 닭고기 시금치 밥 황태 표고버섯 밥(p.200) 돼지고기 고구마 밥	5 황태 표고버섯 밥 돼지고기 영양부추 밥(p.194) 쇠고기 피망 덮밥
6 돼지고기 고구마 밥 황태 표고버섯 밥 토마토 스파게티(p.188)	7 돼지고기 영양부추 밥 검은깨 파프리카 밥(p.212) 연어 크림 덮밥(p.204)	8 돼지고기 영양부추 밥 연어 크림 덮밥 쇠고기 송이버섯 밥(p.210)	9 쇠고기 송이버섯 밥 검은깨 파프리카 밥 아스파라거스 대구살 덮밥(p.206)	10 검은깨 파프리카 밥 아스파라거스 대구살 덮밥 닭고기 브로콜리 리소토(p.208)	11 쇠고기 송이버섯 밥 닭고기 브로콜리 리소토 새우 부추 덮밥(p.202)	12 아스파라거스 대구살 덮밥 새우 부추 덮밥 쇠고기 톳 밥(p.214)
13 닭고기 브로콜리 리소토 쇠고기 톳 밥 옥수수 동태살 덮밥	14 새우 부추 덮밥 옥수수 동태살 덮밥 닭고기 시금치 밥	15 쇠고기 톳 밥 닭고기 시금치 밥 토마토 스파게티	16 옥수수 동태살 덮밥 황태 표고버섯 밥 닭고기 시금치 밥	17 황태 표고버섯 밥 쇠고기 피망 덮밥 돼지고기 고구마 밥	18 쇠고기 피망 덮밥 돼지고기 고구마 밥 쇠고기 배추 국수	19 연어 크림 덮밥 황태 표고버섯 밥 돼지고기 고구마 밥
20 돼지고기 브로콜리 볶음밥(p.196) 연어 크림 덮밥 쇠고기 피망 덮밥	21 연어 크림 덮밥 돼지고기 브로콜리 볶음밥 쇠고기 송이버섯 밥	22 돼지고기 브로콜리 볶음밥 아스파라거스 대구살 덮밥 쇠고기 피망 덮밥	23 아스파라거스 대구살 덮밥 쇠고기 송이버섯 밥 닭고기 브로콜리 리소토	24 아스파라거스 대구살 덮밥 닭고기 브로콜리 리소토 쇠고기 톳 밥	25 닭고기 브로콜리 리소토 쇠고기 톳 밥 검은깨 파프리카 밥	26 닭고기 시금치 밥 쇠고기 톳 밥 검은깨 파프리카 밥
27 닭고기 시금치 밥 옥수수 동태살 덮밥 검은깨 파프리카 밥	28 옥수수 동태살 덮밥 닭고기 시금치 밥 쇠고기 피망 덮밥	29 돼지고기 영양부추 밥 옥수수 동태살 덮밥 쇠고기 피망 덮밥	30 황태 표고버섯 밥 돼지고기 영양부추 밥 쇠고기 피망 덮밥			

 ## 쇠고기 배추 국수

아이가 12개월쯤 되면 밀가루 음식도 무리 없이 소화하는데 이때 만들기 좋은 음식이 국물 없는 쇠고기 배추 국수입니다. 밀가루는 비타민B_1은 풍부하지만 단백질과 식이섬유소가 부족하기 때문에 쇠고기와 배추를 넣어 영양밸런스를 맞추는 것이 핵심입니다.

요리시간 : 20분
총 열량 : 219kcal

재료
- 소면(건) 30g
- 다진 쇠고기 30g
- 배추 30g
- 달걀 1/2개
- 다진 마늘 1작은술
- 멸치야채육수(p.15) 150ml

TIP
12개월 이후부터는 꼭 쇠고기 안심만 고집할 필요는 없습니다. 기름기가 많은 부위(등심이나 특수부위 등)는 피하는 것이 좋지만 다양한 부위를 골고루 먹이는 것 또한 중요합니다. 경제적인 부분을 생각한다면 안심 대신 홍두깨살을 추천합니다.

1 다진 쇠고기와 다진 마늘을 볼에 넣고 섞습니다.

2 배추를 깨끗하게 씻어 사방 0.5cm 크기로 자르고, 달걀도 잘 풀어 1/2만 준비합니다.

3 1을 달군 팬에 넣고 중불에서 물기가 없어질 때까지 볶습니다.

4 소면은 반으로 잘라 끓는 물에 넣고 4분간 삶은 뒤 찬물에 헹굽니다.

5 냄비에 멸치야채육수와 배추를 넣고 뚜껑을 덮어 중불에서 5분간 끓이다가 달걀을 넣고 살짝 저어줍니다.

6 3과 4를 넣고 섞어 1분간 끓이면 완성입니다.

 # 옥수수 동태살 덮밥

단백질 함량이 높은 동태에는 비타민B_1과 인 등의 영양소가 함유되어 있는데, 특히 비타민B_1은 탄수화물 대사를 비롯한 에너지 대사에 참여하기 때문에 두뇌 및 성장 발달에 많은 도움이 됩니다. 옥수수와 양송이버섯의 구수한 맛과 부드러운 식감을 살리면 아기들이 쉽게 먹을 수 있는 이유식이 완성됩니다.

요리시간 : 50분
총 열량 : 106kcal
(밥 미포함)

재료
- ☐ 삶은 옥수수알 40g
- ☐ 동태살 40g
- ☐ 양송이버섯 30g
- ☐ 양파 10g
- ☐ 당근 10g
- ☐ 올리브유 0.5작은술
- ☐ 물 150ml

TIP
옥수수를 믹서에 간 뒤 체에 거르는 과정을 잊지 않도록 합니다. 옥수수의 껍질은 거칠고 소화가 잘되지 않기 때문에 반드시 제거해야 합니다.

1. 삶은 옥수수알과 물 100ml를 믹서에 넣고 곱게 갑니다.

2. 1을 체에 걸러 옥수수 껍질을 제거합니다.

3. 냉동 동태살은 2~3시간 전에 냉장실에 넣어 해동시킨 후, 사방 0.5cm 크기로 썰어둡니다.

4. 양송이버섯과 당근, 양파는 칼로 잘게 다집니다.

5. 냄비에 올리브유를 두르고 3과 4를 넣어 살짝 볶다가 분량의 남은 물을 넣고 중불에서 10분간 끓입니다.

6. 마지막으로 2를 넣어 2~3분간 잘 저으면서 걸쭉하게 끓인 뒤 밥 위에 올리면 완성입니다. 이 때 잘 젓지 않으면 바닥에 눌어붙을 수 있으니 주의합니다.

완료기

 # 토마토 스파게티

레드푸드의 대표 식품인 토마토는 두뇌 및 성장 발달에 관여하는 각종 비타민과 무기질 함량이 매우 높은 식품입니다. 특히 라이코펜(lycopene)이라는 대표적인 항산화물질이 있어 혈관을 깨끗하게 해줄 뿐 아니라, 유기산이 적어 자극적이지 않고 소화가 잘 됩니다.

요리시간 : 25분
총 열량 : 257kcal

재료

- 스파게티면(건) 30g
- 새우 30g
- 양송이버섯 20g
- 쥬키니호박 10g
- 홀토마토 100g
- 다진 마늘 1작은술
- 올리브유 2작은술

TIP

통조림 홀토마토를 사용하면 깊고 진한 토마토의 맛을 느낄 수 있습니다. 만약 통조림 대신 생 토마토를 사용할 경우에는, 토마토 껍질을 벗겨 잘게 다진 후 약불에서 뭉근하게 끓여 수분이 절반으로 줄어들 때까지 졸여 사용하면 됩니다.

1 끓는 물에 올리브유 1작은술을 넣고 3등분한 스파게티면을 넣어 12분간 푹 삶습니다.

2 양송이버섯은 기둥을 떼어난 뒤 잘게 썰고, 쥬키니호박은 씨를 제외한 나머지 부분을 2cm 길이로 얇게 채 썰거나 양송이버섯과 같은 모양으로 썰어둡니다.

3 새우는 껍질을 벗긴 뒤 이쑤시개를 이용해 등 쪽의 내장을 제거한 후, 사방 0.5cm 크기로 썹니다.

4 냄비에 2와 올리브유 1작은술, 다진 마늘을 넣고 1분간 중불에서 볶다가 3을 넣고 새우의 색이 변할 때까지 볶습니다.

5 홀토마토를 넣고 주걱으로 으깨며 중불에서 3분간 끓입니다.

6 1에서 삶아둔 스파게티면을 넣어 소스와 어우러지도록 섞으면 완성입니다.

# 쇠고기 피망 덮밥

비타민A·C가 풍부한 피망은 면역력 증진에 도움을 주는 베타카로틴(β-carotene)이 풍부하며, 녹색 피망보다 빨간색 피망에 10배 이상 더 많이 함유되어 있습니다. 여기에 필수 아미노산 및 철분 함량이 높은 쇠고기와 필수 지방산이 풍부한 들기름을 함께 넣으면 두뇌 발달에 더없이 완벽한 이유식이 완성됩니다.

요리시간 : 30분
총 열량 : 117kcal
(밥 미포함)

재료
- 쇠고기 안심 40g
- 빨간 피망 20g
- 건 표고버섯 5g
  (불린 표고버섯 10g)
- 양파 10g
- 다진 마늘 0.5작은술
- 들기름 0.2작은술
- 쇠고기육수(p.16) 150ml
- 감자전분 5g
- 물 2작은술

TIP
말린 표고버섯은 생 표고버섯에 비해 향이 강하고, 조직이 질긴 편입니다. 만약 이 유식을 잘 먹지 않거나 맛에 민감한 아기일 경우에는 생 표고버섯을 사용하는 것도 좋은 방법입니다.

1

건 표고버섯을 흐르는 물에 2~3번 헹군 뒤 30분 이상 물에 담가 충분히 불립니다.

2

빨간 피망과 양파는 칼로 잘게 다지고, 불린 표고버섯은 기둥을 잘라낸 뒤 다른 재료에 비해 더 곱게 다져 준비합니다. 다진 마늘도 분량대로 준비합니다.

3

쇠고기 안심은 찬물에 넣어 핏물을 제거하고 잘게 다집니다.

4

냄비에 들기름을 두르고 2와 3, 쇠고기육수 50ml를 넣어 1분간 먼저 볶다가 분량의 남은 쇠고기육수를 모두 넣어 10분간 중불에서 끓입니다.

5

마지막으로 감자전분과 물을 섞어 만든 전분물을 넣고 걸쭉해질 때까지 끓이면 완성입니다.

# 돼지고기 고구마 밥

비타민B₁과 필수 아미노산이 풍부한 돼지고기와 비타민C, 칼륨, 식이섬유소가 풍부한 고구마를 사용한 이유식은 유아기 성장 발육과 변비 예방에 굉장히 효과적입니다. 담백한 고기의 맛과 부드럽고 달콤한 고구마의 맛이 생각보다 잘 어울리기 때문에 아기들에게 안성맞춤입니다.

요리시간 : 30분
총 열량 : 245kcal

재료
- 돼지고기 안심 40g
- 고구마 30g
- 케일 15g
- 양파 10g
- 포도씨유 0.2작은술
- 멸치야채육수(p.15) 200ml
- 밥 100g

TIP
고구마 대신 단호박을 넣어도 좋습니다. 고구마와 단호박은 항산화물질인 베타카로틴(β-carotene)을 함유하고 있기 때문에 아이들의 면역력 증진에 도움이 됩니다.

1. 돼지고기 안심을 칼로 곱게 다집니다.

2. 고구마는 껍질을 벗겨 사방 0.5cm 크기로 썰고, 케일은 데쳐서 양파와 함께 잘게 다집니다.

3. 냄비에 포도씨유를 두르고 1과 고구마, 양파를 먼저 볶다가 멸치야채육수 50ml를 넣고 1~2분간 볶습니다.

4. 케일과 남은 분량의 멸치야채육수를 모두 넣고 10분간 중불에서 끓입니다.

5. 밥을 넣고 국물이 없어질 때까지 저으며 끓이면 완성입니다.

# 돼지고기 영양부추 밥

비타민B_1이 풍부한 돼지고기는 필수 아미노산을 많이 함유하고 있기 때문에 유아기 두뇌 발달 및 성장에 필수적인 식품입니다. 여기에 비타민A와 C 그리고 철분 함량이 높은 부추를 함께 먹으면 돼지고기의 부족한 섬유질과 미네랄을 보완할 수 있기 때문에 궁합이 잘 맞습니다.

요리시간 : 25분
총 열량 : 220kcal

재료
- 돼지고기 안심 40g
- 영양부추 10g
- 양배추 30g
- 당근 5g
- 참기름 0.5작은술
- 멸치야채육수(p.15) 200ml
- 밥 100g

TIP
참기름은 오메가-6 지방산인 리놀레산(linoleic acid)과 단일불포화지방산인 올레산(Elaidic acid)이 풍부한 식품입니다. 필수 지방산이 풍부한 참기름은 유아기 두뇌 발달에 도움이 되며, 이유식에 소량 사용하면 고소한 향미로 아기의 식욕을 증진시킬 수 있습니다.

1 돼지고기 안심을 사방 0.5cm 크기로 잘게 다집니다.

2 양배추, 영양부추, 당근도 칼로 잘게 다집니다.

3 냄비에 1과 2, 멸치야채육수 50ml를 넣고 고기가 익을 때까지 볶습니다.

4 고기가 익으면 분량의 남은 멸치야채육수를 모두 넣고 약 10분간 중불에서 끓입니다.

5 밥을 넣고 3~4분간 잘 저으며 끓입니다.

6 마지막으로 참기름을 넣으면 완성입니다.

완료기

 ## 돼지고기 브로콜리 볶음밥

돼지고기에 많은 비타민 B_1은 뇌의 주 연료인 포도당이 에너지로 전환되는 것을 도와주며 주의력과 집중력 향상에 도움이 됩니다. 비타민A·C, 엽산, 칼슘 등 다량의 비타민과 미네랄을 함유하고 있는 브로콜리와 함께 섭취하면 시너지 효과를 볼 수 있습니다.

요리시간 : 25분
총 열량 : 258kcal

재료
- 밥 100g
- 다진 돼지고기 안심 40g
- 브로콜리 40g
- 양파 10g
- 당근 10g
- 파프리카 10g
- 다진 마늘 1작은술
- 아마씨유 1작은술
- 물 70ml

TIP
어떤 재료를 넣어도 잘 어울리는 볶음밥은 야채를 편식하는 아기들에게 좋은 조리법입니다. 특히 오메가-3지방산이 풍부한 아마씨유를 사용하면 볶음밥의 풍미는 물론 영양까지 챙길 수 있는 좋은 메뉴가 됩니다. 대형마트에 방문하면 다양한 종류의 아마씨유를 구입할 수 있습니다.

1. 다진 돼지고기 안심과 다진 마늘을 섞어서 준비합니다.

2. 브로콜리는 뜨거운 물에 살짝 데쳐서 사방 0.5cm 크기로 썰고, 양파, 당근, 파프리카는 브로콜리보다 작게 썰어둡니다.

3. 냄비에 아마씨유를 두르고 1과 2의 양파, 당근, 파프리카를 먼저 넣고 볶다가 돼지고기가 익으면 브로콜리를 넣습니다.

4. 분량의 물을 넣고 재료들이 잘 어우러지도록 중불에서 2분간 끓입니다.

5. 밥을 넣고 재료들이 잘 섞이도록 볶으면 완성입니다.

완료기

 # 닭고기 시금치 밥

시금치는 비타민A·B_1·B_2·C, 나이아신(niacin), 엽산, 칼슘, 철 등이 풍부한 영양 만점 채소입니다. 유아기 두뇌 및 성장 발달에 필요한 영양소이며 고단백질 식품인 닭고기와 두부를 함께 사용하면 시금치에 부족한 필수 아미노산을 보완할 수 있습니다.

요리시간 : 30분
총 열량 : 216kcal

재료
- 닭 안심 30g
- 시금치 20g
- 두부 20g
- 양파 10g
- 당근 10g
- 참기름 0.2작은술
- 밥 100g
- 멸치야채육수(p.15) 200ml

TIP
시금치와 두부를 함께 먹으면 수산과 칼슘이 만나 결석이 생긴다는 오해가 종종 있습니다. 시금치와 두부 모두 칼슘이 풍부한 식품이지만 결석이 생길 정도로 많이, 자주 먹는 것이 아니기 때문에 전혀 문제가 되지 않습니다.

1. 닭 안심은 하얀 막을 제거한 후 잘게 다지고, 두부는 사방 0.5cm 크기로 썰어둡니다.

2. 시금치는 끓는 물에 살짝 데쳐 찬물에 헹군 뒤 곱게 다지고, 양파와 당근도 잘게 다집니다.

3. 냄비에 닭 안심과 2, 멸치야채육수 50ml를 넣어 1분간 볶은 뒤, 분량의 남은 멸치야채육수를 넣고 8분간 중불에서 끓입니다.

4. 두부와 밥을 넣고 국물이 없어질 때까지 잘 섞으며 졸입니다.

5. 마지막으로 참기름을 넣으면 완성입니다.

 # 황태 표고버섯 밥

황태를 푹 끓였을 때 나오는 구수하고 시원한 맛을 아기에게도 느끼게 해주고 싶을 때 만들기 좋은 이유식입니다. 말린 황태는 단백질 함량이 높아 뇌 기능 발달에 도움이 되는 필수 아미노산이 풍부하고 감칠맛 또한 굉장히 좋은 식품입니다.

요리시간 : 30분
총 열량 : 206kcal

재료
- 불린 황태채 30g
  (건 황태채 14g)
- 불린 표고버섯 10g
  (건 표고버섯 5g)
- 청피망 10g
- 홍피망 10g
- 멸치야채육수(p.15) 200ml
- 밥 100g

TIP
건 표고버섯 대신 생 표고버섯이나 양송이버섯으로도 대체가 가능합니다. 양파나 무를 추가해 시원한 맛을 살려도 좋습니다.

1. 황태채는 찬물에 10분간 담가 충분히 불려 잔가시를 없앤 뒤, 물기를 꽉 짜고 사방 0.5cm 크기로 썰어 준비합니다.

2. 건 표고버섯은 흐르는 물에 2~3번 헹군 뒤 30분 정도 물에 담가 충분히 불립니다.

3. 불린 표고버섯은 기둥을 제거한 후 곱게 다지고, 홍피망과 청피망도 잘게 다집니다.

4. 냄비에 1과 3, 멸치야채육수 50ml를 넣고 볶다가, 남은 분량의 멸치야채육수를 모두 넣고 10분간 중불에서 끓입니다.

5. 밥을 넣고 국물이 없어질 때까지 잘 섞으며 졸이면 완성입니다.

 # 새우 부추 덮밥

고단백 식품인 새우는 필수 아미노산을 골고루 가지고 있으며, 칼슘과 철분의 함량도 높아 유아기 두뇌 발달 및 성장 발육에 매우 도움이 됩니다. 부추와 함께 요리하면 부족한 비타민과 미네랄을 보완할 수 있고, 해산물 특유의 비릿한 향을 없애기에도 좋습니다.

요리시간 : 25분
총 열량 : 98kcal
(밥 미포함)

재료
- 생새우살 30g
- 부추 10g
- 적양파 20g
- 달걀 1/2개
- 참기름 0.2작은술
- 멸치야채육수(p.15) 150ml
- 감자전분 1작은술(3g)
- 물 2작은술

TIP
새우 대신 대게를 넣어도 맛있습니다. 단, 갑각류는 체질에 따라 알레르기를 일으킬 수 있으므로 부모 중에 알레르기가 있는 사람이 있다면 아기에게 먹이기 전에 전문가의 도움을 받도록 합니다.

1 생새우는 껍질을 벗기고 내장을 제거한 후 사방 0.5cm 크기로 자르고, 부추와 적양파도 잘게 다집니다.

2 달걀 1개를 푼 다음 반으로 나눕니다.

3 냄비에 1과 멸치야채육수 50ml를 넣고 1분간 볶다가 분량의 남은 멸치야채육수를 모두 넣고 중불에서 8분간 끓입니다.

4 참기름을 넣고 끓이다가 2을 넣어 익힙니다.

5 마지막으로 감자전분과 물을 섞어 만든 전분물을 넣고 걸쭉해질 때까지 끓이면 완성입니다.

완료기

 # 연어 크림 덮밥

연어는 오메가-3지방산이 풍부한 식품으로, 유아기 때부터 꾸준히 섭취할 경우 뇌의 작용이 원활해져 두뇌 발달에 도움을 주며 기억이나 학습 능력을 향상시키는 효과가 있습니다. 자칫 느끼할 수 있는 연어에 싱그러운 오이 향을 더하면 아기들이 거부감 없이 먹기 좋은 유아식이 됩니다.

요리시간 : 25분
총 열량 : 107kcal
(밥 미포함)

재료
- 연어 40g
- 양파 20g
- 오이 20g
- 다진 마늘 0.5작은술
- 우유 50ml
- 물 100ml
- 올리브유 0.2작은술
- 감자전분 1작은술
- 물 2작은술

TIP
우유 대신 맛있게 우려낸 멸치야채육수(p.15)나 가다랑어 육수(p.17)를 사용해도 좋습니다.

1 연어는 껍질을 제거하고 사방 0.5cm 크기로 썰어 준비합니다.

2 오이는 씨 부분을 제거한 뒤 양파와 함께 잘게 다집니다.

3 냄비에 올리브유를 두르고 1과 2, 다진 마늘을 넣고 1~2분간 볶습니다.

4 분량의 물을 넣고 5분간 중불에서 끓이다가 우유를 넣고 1분 더 끓입니다.

5 마지막으로 감자전분과 물을 섞어 만든 전분물을 넣고 걸쭉해질 때까지 끓이면 완성입니다.

 # 아스파라거스 대구살 덮밥

아스파라거스는 비타민A·B_1·B_2·C 그리고 엽산이 많이 함유된 식품입니다. 유아기 두뇌 발달에 필요한 영양소가 풍부하고 다양한 요리에 잘 어울리는 식재료로 단백질 식품과 함께 섭취할 경우 필수 아미노산까지 보완할 수 있기 때문에 완벽한 이유식을 만들 수 있습니다.

요리시간 : 30분
총 열량 : 94kcal
(밥 미포함)

재료
- 아스파라거스 30g
- 대구살 40g
- 양파 10g
- 카놀라유 1작은술
- 가다랑어육수(p.17) 70~100ml
- 감자전분 1작은술
- 물 2작은술

TIP
아스파라거스는 생선뿐 아니라 닭고기, 돼지고기와도 매우 잘 어울립니다. 다만 굵은 아스파라거스는 섬유질이 강하기 때문에 필러로 껍질을 벗겨내고 반으로 길게 잘라 사용해야 조리시간도 단축할 수 있고 아기들이 먹기에도 훨씬 수월합니다.

1 대구살은 가시가 있는지 잘 확인한 후 사방 1cm 크기로 썰고, 아스파라거스와 양파는 사방 0.5cm 크기로 썰어 준비합니다.

2 냄비에 카놀라유를 두르고 양파와 아스파라거스를 넣어 1~2분간 먼저 볶다가, 대구살을 넣고 살짝 더 볶습니다.

3 가다랑어육수를 넣고 10분간 끓입니다.

4 마지막으로 감자전분과 물을 섞어 만든 전분물을 넣고 걸쭉해질 때까지 끓이면 완성입니다.

 ## 닭고기 브로콜리 리소토

생후 12개월 이후부터는 생우유의 섭취가 가능합니다. 우유는 단백질과 칼슘, 인이 풍부한 음식으로 성장하는 아기에게 매우 유익한 식품입니다. 또한 브로콜리는 비타민A·C, 엽산, 칼슘 등 다량의 영양소와 미네랄을 함유하고 있는 항산화식품으로 두뇌 발달 및 성장에 도움이 됩니다.

요리시간 : 30분
총 열량 : 290kcal

재료
- 브로콜리 40g
- 닭 안심 40g
- 홍피망 10g
- 양파 10g
- 다진 마늘 0.5작은술
- 올리브유 0.5작은술
- 물 100ml
- 우유 50g
- 밥 100g
- 슬라이스치즈 1/2장
- 바질잎 1~2장(생략 가능)

TIP
우유와 치즈를 넣어 고소한 맛의 리소토를 만들었다면 다음에는 토마토소스로 리소토를 만들어도 좋습니다. 토마토소스에는 철분 함량이 높은 쇠고기와 양송이버섯이 잘 어울립니다.

1 브로콜리는 기둥을 자르고 끓는 물에 30초 정도 데친 후 사방 0.5cm 크기로 썰어서 준비합니다.

2 닭 안심은 하얀 막을 제거하고 잘게 다집니다.

3 홍피망과 양파는 잘게 다지고, 바질잎도 2장 준비합니다. 생 바질잎이 없다면 말린 바질잎 소량도 가능합니다.

4 냄비에 올리브유를 두르고 2와 다진 마늘, 홍피망, 양파를 넣고 1분 정도 볶다가 1을 넣고 살짝 볶습니다.

5 물을 넣고 5분간 끓인 뒤 분량의 우유와 밥을 넣고 잘 저으며 끓입니다. 이때 너무 되직하면 물을 조금씩 더 부어 농도를 맞춥니다.

6 소스가 밥에 충분히 흡수되어 수분이 없어질 때까지 끓이다가 치즈와 바질잎을 잘게 썰어 넣으면 완성입니다.

# 쇠고기 송이버섯 밥

송이버섯에는 비타민B군과 다양한 아미노산이 풍부하게 들어 있기 때문에 체내 면역력을 높여주는 것은 물론 두뇌 활동에도 큰 도움이 됩니다. 필수 아미노산과 철분이 풍부한 쇠고기와 함께 이유식을 만들어 성장의 밑거름이 되도록 합니다.

요리시간 : 25분
총 열 량 : 252kcal

📷 재료
- ☐ 쇠고기 안심 40g
- ☐ 송이버섯 40g(작은 것 1개)
- ☐ 당근 10g
- ☐ 멸치야채육수(p.15) 200ml
- ☐ 밥 100g
- ☐ 들기름 0.2작은술

🌸 TIP
- 🌸 향이 짙은 송이버섯은 오랫동안 물에 담가두거나 껍질을 벗겨 놓으면 향이 날아가기 때문에 가급적 요리하기 직전에 손질하는 것이 좋습니다.
- 🌸 자연산 송이버섯을 구입하기 어렵다면 양송이버섯이나 새송이버섯으로 대체해도 좋습니다.

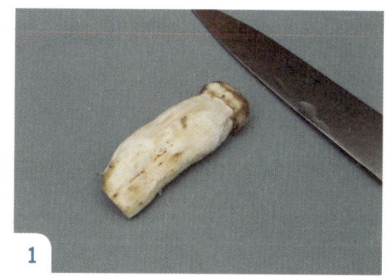

1 송이버섯을 흐르는 물에 살짝 헹군 뒤 칼로 표면을 살살 긁어 지저분한 부분을 제거합니다.

2 손질한 송이버섯과 당근을 잘게 다집니다.

3 찬물에 담가 핏물을 제거한 쇠고기 안심도 잘게 다집니다.

4 냄비에 2와 3, 멸치야채육수 50ml를 넣고 1분간 볶다가 분량의 남은 멸치야채육수를 모두 넣고 10분간 중불에서 끓입니다.

5 밥을 넣고 국물이 없어질 때까지 중불에서 잘 저으며 끓이다가 들기름을 넣으면 완성입니다.

 ## 검은깨 파프리카 밥

비타민E가 풍부한 검은깨는 뇌세포 형성에 도움을 주며 안토시아닌 색소를 함유하고 있어 강력한 항산화작용을 하고, 파프리카는 비타민C가 풍부한 컬러푸드의 대표적인 식품입니다. 고소한 맛이 일품인 검은깨와 단맛이 있는 파프리카를 함께 사용하면 맛이 굉장히 좋아 꼭 추천하고 싶은 이유식입니다.

요리시간 : 25분
총 열량 : 211kcal

재료
- 검은깨 3g
- 닭 안심 40g
- 파프리카(노랑+빨강) 30g
- 대파 흰 부분 10g
- 멸치야채육수(p.15) 200ml
- 밥 100g

TIP
검은깨 대신 참깨나 들깨가루를 사용해도 좋습니다. 단, 깨는 지방 함량이 높아 너무 많이 사용하면 느끼할 수 있으니 3배 분량으로 만들 경우 검은깨는 1.5배만 사용하는 것을 권장합니다.

1 검은깨를 한번 볶은 뒤 절구나 나무 밀대를 사용해 곱게 빻아 준비합니다.

2 닭 안심은 하얀 막을 제거하고 잘게 다집니다.

3 2가지 색의 파프리카를 준비해 잘게 다지고, 대파는 흰 부분만 잘라 다집니다.

4 냄비에 2와 3, 멸치야채육수 50ml를 넣고 1분간 볶다가 분량의 남은 멸치야채육수를 모두 넣고 7분간 중불에서 끓입니다.

5 밥과 1을 넣고 잘 저으며 끓여 밥에 국물이 촉촉하게 흡수될 때까지 섞으면 완성입니다.

완료기

 ## 쇠고기 톳 밥

톳은 철분과 칼슘, 요오드가 굉장히 풍부한 식품으로 쇠고기와 함께 섭취할 경우 유아기 두뇌 발달, 특히 뇌의 집중력을 높일 수 있으며 빈혈 예방에도 도움이 됩니다. 완료기 이유식 단계에서 톳의 향과 식감을 익혀두면 유아식에서 톳을 활용한 영양밥이나 주먹밥 등을 다양하게 만들 수 있습니다.

요리시간 : 30분
총 열량 : 249kcal

재료
- 마른 톳 3g
- 쇠고기 안심 40g
- 적양파 25g
- 멸치야채육수(p.15) 200ml
- 밥 100g
- 참기름 0.2작은술

TIP
톳을 불릴 때 식초를 조금 넣으면 해조류의 비린내를 제거할 수 있습니다.

1. 마른 톳을 찬물에 헹군 뒤 미지근한 물에 담가 30분 정도 불립니다.

2. 충분히 불린 톳을 흐르는 물에 여러 번 헹궈서 이물질과 짠맛을 제거한 후에 칼로 잘게 다집니다.

3. 쇠고기 안심은 찬물에 담가 핏물을 제거하고 칼로 다집니다.

4. 적양파도 잘게 다집니다.

5. 냄비에 2, 3, 4와 멸치야채육수 50ml를 넣어 1분간 볶다가 분량의 남은 멸치야채육수를 모두 넣고 10분간 중불에서 끓입니다.

6. 밥을 넣고 국물이 밥에 흡수되어 촉촉한 상태가 될 때까지 잘 저으며 끓이다가 마지막에 참기름을 넣으면 완성입니다.

완료기

간식

군고구마 치즈롤빵

초기 간식이었던 군고구마 브로콜리 퓨레를 응용해 만들어본 간식입니다. 비타민C가 풍부한 크랜베리와 치즈를 넣어 맛은 물론 영양까지 더한 간식으로 야외 활동이나 외출 시 챙기면 든든한 한 끼 식사가 될 수 있습니다.

요리시간 : 20분
총 열량 : 241kcal

재료
- 식빵 1개
- 군고구마 30g
- 브로콜리 10g
- 건 크랜베리 5g
- 꿀 0.5작은술(생략가능)
- 슬라이스치즈 1장

TIP
고구마는 초기 이유식부터 즐겨 사용하기 때문에, 한 번에 넉넉히 구워 1회 분량씩 소분해 냉동하면 편리하게 이용할 수 있습니다. 또한 밤고구마보다 호박고구마를 사용하면 단맛도 더 강하고 식감도 촉촉해서 아기들이 먹기에 훨씬 좋습니다.

1. 건 크랜베리를 뜨거운 물에 2분 정도 담가 불린 뒤 헹궈서 물기를 짜고 최대한 곱게 다집니다.

2. 브로콜리는 끓는 물에 3분간 삶아 물기를 제거하고 곱게 다진 후 군고구마와 크랜베리, 꿀을 넣고 잘 섞습니다.

3. 식빵은 테두리를 모두 잘라내고 밀대로 얇게 밀어줍니다.

4. 식빵 위에 2를 얇게 펴 바른 뒤 슬라이스 치즈를 올립니다.

5. 내용물이 밖으로 나오지 않도록 돌돌 말아 먹기 좋은 크기로 자르면 완성입니다.

간식

단호박 호두 크로켓

빠르게 성장하는 유아기 단계에서 간식은 그저 단순한 주전부리가 아닙니다. 식사를 통해 얻지 못한 영양소를 보충해야 하기 때문에 간식도 식사만큼이나 영양 균형을 잘 따지는 것이 중요합니다. 단호박 호두 크로켓은 베타카로틴(β-carotene) 함량이 많은 단호박과 불포화지방산이 풍부한 호두를 넣어 맛과 영양, 두 마리 토끼를 모두 잡은 영양 간식입니다.

요리시간 : 50분
총 열량 : 682kcal
분 량 : 3회

재료
- 단호박 100g
- 감자 70g
- 호두 2알(10g)
- 꿀 0.5작은술
- 밀가루 약간
- 달걀 1/2개
- 파슬리가루를 섞은 빵가루 5큰술 (파슬리가루 생략 가능)
- 카놀라유 100ml

TIP
달군 기름에 빵가루를 조금 떨어뜨렸을 때 기포가 생기며 떠오르면 튀김하기 적당한 온도(170℃)입니다. 많은 양을 튀길 경우 기름에 가라앉은 빵가루를 수시로 건져내야 타지 않고 예쁘게 튀길 수 있습니다.

1 단호박을 반으로 잘라 씨를 도려내고 감자와 함께 찝니다. 10분 후에 젓가락으로 단호박을 찔러 푹 들어가면 먼저 꺼내고 감자는 충분히 익힙니다.

2 호두는 마른 팬에 살짝 볶아 전처리한 뒤 칼로 잘게 다집니다.

3 1에 꿀을 넣어 덩어리가 보이지 않도록 곱게 으깹니다.

4 2를 넣고 한입 크기로 동그랗게 반죽을 빚습니다.

5 4에 밀가루를 살짝 뿌린 후, 달걀과 빵가루를 입힙니다.

6 폭이 넓지 않은 냄비 혹은 프라이팬에 카놀라유를 넣고 170℃ 정도로 달군 후, 5를 넣어 젓가락으로 굴려가며 겉이 노릇해질 때까지 튀기면 완성입니다.

간식

 # 프렌치토스트 & 홍시라씨

프렌치토스트는 어른, 아이 할 것 없이 누구나 좋아하는 간식입니다. 탄수화물에 해당되는 식빵은 에너지를 공급해 두뇌 활동을 활발하게 해주고, 부족한 필수 아미노산과 필수 지방산은 달걀과 우유로 보완할 수 있습니다. 아이의 간식을 하나 만들더라도 이처럼 영양 밸런스를 잘 따져보는 것이 중요합니다.

프렌치토스트

요리시간 : 10분
총 열량 : 424kcal
분   량 : 2회

🍳 재료
- ☐ 식빵 2장
- ☐ 달걀 1개
- ☐ 우유 2큰술
- ☐ 연유 1큰술
- ☐ 포도씨유 약간

1
볼에 달걀과 우유, 연유를 넣고 잘 섞습니다.

2
바닥이 평편한 접시에 식빵을 올리고 1을 부어 촉촉하게 흡수시킵니다.

3
포도씨유를 두른 팬에 식빵을 앞뒤로 노릇하게 구우면 완성입니다. 식빵의 테두리를 잘라내고 먹기 좋은 크기로 썰거나 모양 틀로 찍어도 좋습니다.

👉 TIP
프렌치토스트에 과일잼이나 시럽을 곁들일 경우에는 연유를 사용하지 않는 것이 좋습니다.

홍시라씨

요리시간 : 5분
총 열량 : 112kcal

🍳 재료
- ☐ 수제 플레인요거트(p.170) 70g
- ☐ 아이스 홍시 100g
- ☐ 레몬즙 1작은술

1
아이스 홍시는 녹인 후에 체에 걸러 껍질과 씨를 제거하고, 레몬즙을 넣은 뒤 섞습니다. 수제 요거트도 준비합니다.

2
볼에 1을 넣고 잘 섞어 컵에 담으면 완성입니다. 기호에 맞게 홍시를 가감하여 단맛을 조절하면 됩니다.

👉 TIP
라씨(Lassi)는 인도의 차가운 요구르트 음료를 뜻하며, 딸기나 블루베리를 함께 갈아 만들어도 굉장히 맛있습니다.

PART 5.
유아식
(16~36개월)

PART 5

유아식(16~36개월) 영양 만점 한 끼 식사

각 이유식 단계에서 두뇌와 중추신경계 발달에 도움이 되는 식품들을 맛본 아이들은 이미 그 식품들과 많이 친숙해졌습니다. 이제 두뇌 발달 및 신체 성장 발달에 집중하는 식단으로 더욱 더 신경을 써야 할 시기입니다. 이 시기는 크게 유아 전기(1~2세)와 유아 후기(3~5세)로 구분할 수 있습니다. 한국인 영양섭취기준을 참고해보면 1일 평균 필요량은 1~2세가 1000kcal, 3~5세가 1400kcal이며, 단백질 평균 필요량은 1~2세가 12g, 3~5세가 15g입니다. 때문에 충분한 열량을 공급해줄 수 있는 식품과 신체 성장에 필수적인 단백질(육류, 생선, 달걀, 두부 등) 식품을 매 끼니 제공하고 비타민과 무기질이 풍부한 과일과 채소 등을 충분히 섭취할 수 있도록 해야 합니다.

특히 이 시기에 식사의 형태를 갖추어 제공하면 아이의 자립심과 심리적인 욕구를 충족시킬 뿐 아니라 올바른 식습관을 만들 수 있습니다. 엄마들은 자신에게 맛없는 음식은 아이도 맛없어한다고 생각할 수 있는데 정말 잘못된 생각입니다. 아이의 입맛은 이미 굳어져버린 어른들의 입맛과는 다르기 때문에 양념에 치우친 음식이 아닌 식재료 본연의 맛을 살리는 건강한 식단을 차리는 것을 권장합니다.

유아식 식사 스케줄 한눈에 알아보기(하루 식단 예시)

아침	잡곡밥 배추 된장국 고등어구이 브로콜리 양파볶음	식사 횟수 3회 간식 횟수 2회
오전 간식	우유 or 플레인요거트 & 견과류	
점심	시금치 카레라이스	
오후 간식	제철 과일	
저녁	밥 바지락 콩나물국 쇠고기 장조림 오이나물	

* 간식은 다음 식사까지 2시간 정도의 간격을 두고, 다음 식사량에 영향을 주지 않는 선에서 제공합니다.

유아식 주차별 식단표

- **유아식 식단표 짜기 TIP**
  - 보여주기식의 식단표가 아닌 실제로 만들어 줄 수 있는 식단표를 작성합니다. 1주일 단위로 식단표를 계획해 필요한 식재료를 체크한 뒤 장(주 2~3회)을 보면 좋습니다.
  - 매끼 육류 및 생선, 두부, 해산물, 알류 등의 단백질 식품이 들어갈 수 있도록 메뉴를 구성합니다.
  - 국이나 메인반찬, 나물반찬 등은 한번에 2~3회 분량을 만들기 때문에 2~3일 교차하며 메뉴에 넣고, 아이에게 줄 때는 반드시 따뜻하게 데운 다음 식혀서 줍니다.
  - 국과 3가지 이상의 반찬이 있어야 한다는 생각은 고정관념입니다. 어릴 때부터 국에 밥을 말아먹는 습관에 길들여져 있으면 잘 씹지 않고 삼키는 버릇이 생겨 소화력이 떨어질 수 있습니다. 또한, 나트륨 섭취가 많아지니 매끼 국물 챙길 필요는 없습니다.
  - 단일 메뉴라 하더라도 탄수화물, 지방, 단백질 그리고 식이섬유소의 영양 밸런스를 고려한 메뉴라면 문제없습니다.
  - 밥은 쌀밥 외에 잡곡밥, 콩밥(검정콩/완두콩/강낭콩 등) 등의 다양한 형태로 식단을 구성합니다.

	구분	월	화	수	목	금	토	일
1주차	아침	아마씨 밥 + 병어찜 + 무 들깨나물 애호박나물 시금치나물 (p.260)	밥 + 배추 된장국 + 고등어구이 (p.272) + 무 들깨나물 애호박나물	밥 + 청국장찌개 (p.246) + 시금치나물	잡곡밥 + 톳 미역국 + 닭고기 비트 연근전 + 브로콜리 양파볶음 (p.275)	소고기 쌀국수 (p.238) + 키위	밥 + 톳 미역국 + 참치 두부 야채전 + 잔멸치 아몬드볶음 + 가지나물 (p.269)	밥 + 바지락 콩나물국 + 돼지고기 김치찜 + 양배추나물 + 토마토 (p.296)
	점심	밥 or 식빵 + 아스파라거스 프리타타 (p.242)	닭고기 땅콩소스 삼각김밥 + 토마토주스 (p.266)	달걀 파 국 + 새우볶음밥 (p.264)	시금치 카레라이스 (p.232) + 오렌지	잡곡밥 + 청국장찌개 + 닭고기 비트 연근전	시금치 카레라이스	밥 + 소고기 장조림 + 잔멸치 아몬드볶음 + 가지나물
	저녁	아마씨밥 + 배추된장국 + 소고기 감자찜 + 5색 야채전 (p.281)	야채 우동볶음 (p.240)	밥 + 청국장찌개 + 5색 야채전	밥 + 돼지고기 완자탕 (p.234) + 브로콜리 양파볶음	시금치 카레라이스	렌틸콩 밥 (p.278) + 바지락 콩나물국 + 소고기 장조림 + 오이나물 (p.288)	카레 달걀볶음밥 + 복숭아 망고스무디 (p.286)
2주차	아침	밥 + 소고기 장조림 + 양배추나물	소고기 가지 덮밥 (p.258)	밥 + 미역장국 + 가자미 카레구이 + 송화버섯 볶음 (p.292)	렌틸콩 밥 + 메추리알 장조림 + 감자 비트볶음 + 콩나물무침 (p.278)	밥 + 돼지고기 들깨탕 (p.230) + 콩나물무침	아마씨 멸치주먹밥 + 케일 사과주스 (p.284)	밥 + 소고기 감자찜 + 5색 야채전
	점심	연어 스테이크 (p.248)	새우 로제파스타 (p.250)	미역장국 + 꼬마김밥 (p.254)	밥 + 로즈마리 닭 안심구이 + 아보카도 후무스 (p.294)	아보카도 후무스 미니버거 + 우유 (p.256)	밥 + 돼지고기 들깨탕 + 브로콜리 양파볶음	밥 + 오징어완자 스테이크
	저녁	검은콩밥 + 돼지고기 김치찜 + 오이나물	미역장국 + 5색 소보로덮밥 (p.299)	소고기 가지 덮밥 + 귤	달걀 파 국 + 새우볶음밥	잡곡밥 + 메추리알 장조림 + 브로콜리양파볶음 + 감자 비트볶음	밥 + 오징어완자 스테이크 (p.236)	닭고기 땅콩소스 삼각김밥 + 토마토주스

구분		월	화	수	목	금	토	일
3주차	아침	밥 + 돼지고기 완자탕	밥 + 바지락 콩나물국 + 쇠고기 감자찜 + 무들깨나물	시금치 카레라이스	밥 + 배추된장국 + 닭고기 비트 연근전 + 브로콜리 양파볶음	밥 + 청국장찌개 + 닭고기 비트 연근전	밥 or 빵 + 아스파라거스 프리타타	밥 + 톳 미역국 + 돼지고기 김치찜 + 양배추나물
	점심	잡곡밥 + 쇠고기 감자찜 + 시금치나물 무들깨나물	미트볼 견과류덮밥 + 사과 (p.252)	연어크로켓 + 제철 과일 (p.244)	달걀 파 국 + 새우볶음밥	잡곡밥 + 청국장찌개 + 병어찜 + 브로콜리 양파볶음	밥 + 톳 미역국 + 쇠고기 장조림 + 오이나물	새우 로제파스타
	저녁	밥 + 바지락 콩나물국 + 오징어완자 스테이크 + 시금치나물	야채 우동볶음	아마씨 밥 + 배추된장국 + 고등어구이 + 5색 야채꼬치	달걀 파 국 + 시금치 카레라이스	쇠고기 쌀국수 + 포도	카레 달걀볶음밥 + 복숭아 망고스무디	잡곡밥 + 톳 미역국 + 쇠고기 장조림 + 양배추나물

구분		월	화	수	목	금	토	일
4주차	아침	밥 + 돼지고기 들깨탕 + 오이나물	아보카도 후무스 미니버거 + 우유	잡곡밥 + 미역장국 + 참치 두부 야채전 + 잔멸치 아몬드볶음	렌틸콩 밥 + 메추리알 장조림 + 감자 비트볶음	아마씨 멸치주먹밥 + 케일 사과주스	밥 + 돼지고기 완자탕 + 애호박나물	검은콩 밥 + 오징어완자 스테이크
	점심	밥 + 로즈마리 닭 안심구이 + 아보카도 후무스	미역장국 + 5색 소보로덮밥	쇠고기 가지 덮밥 + 블루베리	달걀 파 국 + 꼬마김밥	밥 + 메추리알 장조림 + 애호박나물	닭고기 땅콩소스 삼각김밥 + 토마토주스	미트볼 견과류덮밥
	저녁	검은콩 밥 + 돼지고기 김치찜 + 잔멸치 아몬드볶음 + 오이나물	밥 + 돼지고기 들깨탕	연어 스테이크	쇠고기 가지 덮밥	잡곡밥 + 오징어완자 스테이크 + 딸기	밥 + 쇠고기 감자찜 + 5색 야채전	밥 + 가자미 카레구이 + 송화버섯볶음

#알아두기 1. 계량하기

유아식을 만들 때 양념 계량은 계량스푼과 계량컵을 사용합니다. 양념에 들어가는 소량의 액체류는 계량스푼을 사용했으며, 가루류는 계량스푼에 수북이 담아 손가락으로 깎은 양입니다. 소금이나 후추 등 '약간'으로 표시되어 있는 양념들은 엄지와 검지를 이용해 살짝 집어올린 양으로 기호에 따라 조금 넣거나 넣지 않아도 됩니다. 또한 쌀과 밀가루 등 1컵으로 표시된 레시피는 200ml 계량컵으로 1컵을 의미합니다.

#알아두기 2. 밥 짓기

검은콩 밥

요리시간 : 30분
총 열량 : 1421kcal
분 량 : 8회

검은콩은 양질의 단백질뿐 아니라 지질과 비타민 B_1·B_2·E 등 두뇌 발달에 필요한 다양한 영양소를 함유하고 있습니다. 또한 검은콩 껍질에 들어있는 안토시아닌 색소는 몸에 유해한 활성산소를 없애주는 항산화작용을 합니다.

- 쌀 2컵(310g)
- 검은콩 50g
- 물 2컵(400ml)

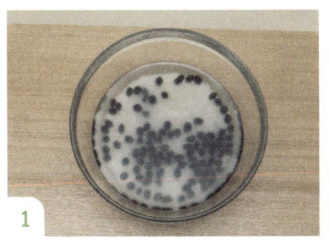

1

2

TIP
매끼 콩밥을 주면 아이들도 싫어합니다. 갓 지은 콩밥으로 한 끼를 먹이고 남은 건 1회 분량씩 소분해 냉동 보관합니다.

쌀과 검은콩은 깨끗하게 씻고 분량의 물을 담아 냉장실에서 충분히 불립니다. 검은콩은 최소 6시간 이상 불려야 부드럽기 때문에 전날 씻어서 불려두면 편리합니다.

냉장실에서 1을 그대로 꺼내 압력밥솥에 넣어 콩밥 or 잡곡밥 모드로 밥을 지으면 완성입니다.

잡곡밥

요리시간 : 30분
총 열량 : 1454kcal
분 량 : 8회

도정이 덜 된 곡류는 백미보다 소화와 대사 작용을 위해 필요한 영양소를 더 많이 가지고 있을 뿐 아니라 섬유소도 풍부합니다. 하지만 처음부터 너무 많은 잡곡을 넣어 밥을 지으면 아이들이 거부할 수 있기 때문에 내 아이의 적응력을 관찰하며 잡곡의 양을 서서히 늘리도록 합니다.

- 쌀 2컵(310g)
- 혼합곡물 1/2컵(70g)
- 물 2컵(400ml)

1

쌀과 혼합곡물은 깨끗하게 씻고 분량의 물을 담아 냉장실에서 6시간 이상 충분히 불린 뒤, 압력밥솥에 넣어 잡곡밥 모드로 밥을 지으면 완성입니다.

TIP
남은 밥을 냉동 보관할 경우 용기와 뚜껑 모두 전자레인지 사용이 가능한 실리콘 소재나 전자레인지 전용 용기를 사용하도록 합니다. 1회 분량씩 담아 보관하면 급할 때 바로 데워 먹일 수 있어서 편리합니다.

 ## 돼지고기 들깨탕

평소 국보다는 여러 가지 재료를 넣어 걸쭉하게 끓인 탕을 선호하는 편이라 아들에게 즐겨 만들어주던 음식입니다. 들깨에는 유아기 뇌 발달에 중요한 불포화지방산 중 알파 리놀렌산(α-linolenic acid)이 함유되어 있고, 필수 아미노산을 공급하는 돼지고기와 궁합이 아주 좋습니다.

요리시간 : 30분
총 열량 : 388kcal
분 량 : 2회

재료
- 돼지고기 안심 100g
- 감자 60g
- 애호박 60g
- 적양파 60g
- 새송이버섯 40g
- 다진 파 1큰술
- 다진 마늘 1큰술
- 들깨가루 2큰술
- 멸치야채육수(p.15) 300ml
- 국간장 1작은술
- 들기름 0.5작은술

TIP
국물 위주의 식사는 염분 섭취가 많아질 뿐만 아니라 소화력을 떨어트릴 수 있기 때문에 국물보다는 건더기가 풍성한 국과 탕을 만들어주는 것이 좋습니다.

1. 돼지고기 안심은 사방 1cm로 썰어 준비합니다.

2. 감자, 애호박, 적양파, 새송이버섯도 적당한 크기로 썰어 준비합니다.

3. 냄비에 들기름을 두르고 1을 1분간 볶다가 감자를 넣고 한 번 더 볶습니다.

4. 애호박, 적양파, 새송이버섯과 멸치야채육수를 넣고 7분간 중불에서 푹 끓입니다.

5. 다진 파와 다진 마늘, 들깨가루를 넣고 끓이다가 국간장으로 간을 맞추면 완성입니다.

6. 걸쭉한 상태의 들깨탕을 만들고 싶다면 조금 더 끓이면 됩니다.

시금치 카레라이스

초기 이유식부터 사랑받는 식재료 중 하나가 바로 시금치입니다. 시금치는 비타민A·C를 비롯하여 엽산, 칼슘, 철분 등 영·유아기의 두뇌 및 성장 발달에 필수적인 영양소가 풍부한 식품입니다. 또한 강황에 많은 커큐민(curcumin)은 강한 항산화제로 뇌 손상을 예방하고, 아몬드와 땅콩에 많은 불포화지방산은 뇌 세포의 발달을 돕습니다.

요리시간 : 30분
총 열량 : 366kcal
　　　　　(밥 미포함)
분　　량 : 2~3회

재료
- 다진 돼지고기 80g
- 시금치 40g
- 아몬드 10g(10개)
- 땅콩 10g(10개)
- 애호박 50g
- 양파 50g
- 당근 30g
- 카레가루 1.5큰술
- 코코넛오일 1작은술
- 물 150~200ml
- 플레인요거트 1큰술
  (생략 가능)

TIP
- 단맛이 없는 수제 요거트(p.168)를 사용하는 것이 좋으며 먹기 직전 카레에 요거트를 소량 넣어 섞으면 상큼하고 부드러운 맛을 느낄 수 있습니다.
- 마트에서 쉽게 구입할 수 있는 코코넛오일은 온도가 낮으면 고체화됩니다. 사용하다 남은 오일이 굳으면 미지근한 물에 병째로 담가 녹여서 사용하면 됩니다.

1 끓는 물에 데친 시금치는 적당한 크기로 썰고, 땅콩과 아몬드는 마른 팬에 살짝 볶아서 준비합니다.

2 믹서에 1과 물 100ml를 넣어 곱게 갈아줍니다.

3 애호박과 양파, 당근은 사방 0.5cm 크기로 자릅니다.

4 코코넛오일을 두른 냄비에 다진 돼지고기를 넣고 먼저 볶다가 3을 넣고 1분간 볶습니다.

5 카레가루를 넣고 한 번 섞은 뒤 2를 넣습니다. 이때 분량의 남은 물을 소량씩 부어가며 농도를 맞춥니다.

6 약불에서 뚜껑을 덮어 7~8분간 더 끓입니다. 중간에 한 번씩 저어 바닥에 눌어붙지 않도록 하고, 먹기 직전에 플레인요거트를 올리면 완성입니다.

돼지고기 완자탕

뇌의 에너지 대사를 원활하게 도와주는 비타민B_1이 풍부한 돼지고기와 비타민C와 칼슘의 함량이 높은 쪽파는 세포가 산화되는 것을 막아주며 면역력도 길러줍니다. 또한 아이들의 지구력을 키우는데 더할 나위 없이 좋은 식품입니다.

요리시간 : 30분
총 열량 : 553kcal
분 량 : 6회

재료
- 돼지고기 다짐육 200g
- 두부 100g
- 쪽파 40g
- 양배추 40g
- 다진 마늘 1작은술
- 간장 2작은술
- 맛술 1작은술
- 참기름 1작은술
- 감자전분 1.5큰술
- 달걀 1개
- 멸치야채육수(p.15) 250~300ml

TIP
- 완자에 사용되는 고기는 돼지고기뿐만 아니라 쇠고기나 닭고기로도 대체할 수 있습니다. 편식하는 채소가 있다면 잘게 다져서 넣어도 좋습니다.

완자를 만들고 반죽이 남았다면 납작하게 빚어 전으로 만들 수 있습니다.

1. 돼지고기 다짐육을 준비하고 두부는 키친타월로 물기를 제거해 칼로 으깹니다. 양배추와 쪽파도 잘게 다집니다.

2. 볼에 1과 다진 마늘, 간장, 맛술, 참기름을 넣고 반죽한 뒤, 한입 크기로 동그랗게 빚습니다.

3. 2에 감자전분을 가볍게 묻히고 달걀옷을 입힙니다.

4. 냄비에 멸치야채육수를 넣고 끓이다가 3을 넣어 살살 굴려가며 8~10분간 익히면 완성입니다.

 ## 오징어완자 스테이크

야채를 듬뿍 넣어 만든 오징어완자는 그것 자체만으로도 아주 훌륭한 요리가 됩니다. 오징어에 다량 함유된 타우린(taurine)은 뇌신경 기능을 활성화시켜 인지 능력을 향상시키는 효과가 있으며 셀레늄(selenium) 또한 풍부해 항산화작용 및 면역 기능 강화에도 도움이 됩니다.

요리시간 : 30분
(오 븐 : 190℃ 13~15분)
총 열량 : 224kcal
          (밥 미포함)
분 량 : 3회

재료
- 오징어 1마리(170g)
- 새송이버섯 1개(70g)
- 당근 小 1/2개(60g)
- 배추 30g
- 다진 마늘 0.5큰술
- 전분 1큰술
- 소금 0.5작은술
- 후추 약간

TIP
- 오븐이 없다면 프라이팬을 사용해도 좋습니다.

달군 프라이팬에 기름을 두르고 원하는 크기로 반죽을 떠서 앞뒤로 노릇하게 굽습니다. 오븐에 구우면 담백한 맛이 좋고, 프라이팬에 구우면 기름을 사용했기 때문에 고소한 맛이 증가합니다.

- 오징어가 미끄럽기 때문에 껍질을 벗길 때는 면장갑을 사용하거나 키친타월로 오징어 몸통을 누르고 칼로 긁어내면 쉽게 제거할 수 있습니다.

1. 오징어는 깨끗하게 씻은 다음 칼로 긁어 껍질을 제거합니다.

2. 껍질을 벗긴 오징어는 적당한 크기로 잘라 분쇄기에 넣어 곱게 다집니다.

3. 새송이버섯과 당근, 배추도 적당한 크기로 잘라 분쇄기로 곱게 다집니다.

4. 큰 볼에 2와 3, 다진 마늘, 전분, 소금, 후추를 넣고 잘 치대며 섞은 뒤 1.5cm 두께의 넓적한 모양으로 만듭니다.

5. 오븐 팬에 종이호일을 깔고 4를 올린 뒤 190℃로 예열한 오븐에 넣어 13~15분간 구우면 완성입니다.

유아식

쇠고기 쌀국수

쌀국수는 단백질의 함량이 높으며 소화가 잘되고 부드러운 식감으로 아이들이 먹기에 부담 없는 식품입니다. 육류뿐만 아니라 해산물과도 잘 어울리기 때문에 국물이 있는 국수요리나 볶음요리에 안성맞춤입니다. 여기에 비타민E가 풍부한 땅콩가루를 고명으로 곁들이면 유아기 뇌 세포 형성 및 기억력 증진에 도움이 됩니다.

요리시간 : 30분
총 열량 : 250kcal

재료
- ☐ 쇠고기(잡채용) 40g
- ☐ 쌀국수면(건) 30g
- ☐ 숙주나물 50g
- ☐ 적양파 30g
- ☐ 당근 30g
- ☐ 쇠고기육수(p.16) 400ml
- ☐ 국간장 0.5작은술
- ☐ 멸치액젓 1작은술
- ☐ 땅콩가루 1작은술

• 고기양념
- ☐ 간장 1작은술
- ☐ 꿀 1작은술
- ☐ 참기름 0.5작은술
- ☐ 후추 약간

TIP
미리 만들어둔 쇠고기육수가 있다면 양념한 고기를 고명으로 올리는 것이 좋지만 만약 바로 육수를 만들어 사용할 경우에는 육수에 사용된 고기를 얇게 저며 쌀국수 위에 올리면 깔끔하게 즐길 수 있습니다.

1. 쇠고기에 분량의 고기양념 재료를 모두 넣고 잘 섞어 10분 정도 재워둡니다.

2. 쌀국수면은 찬물에 담가 10분 이상 불립니다.

3. 숙주나물 길이로 적양파와 당근을 얇게 채 썰어 준비합니다.

4. 팬에 1을 볶아 다른 접시에 옮겨둡니다.

5. 냄비에 쇠고기육수를 넣고 끓어오르면 적양파와 당근을 넣어 7~8분간 푹 익힙니다. 이때 멸치액젓과 국간장으로 간을 맞춥니다.

6. 2와 숙주나물을 넣고 1~2분간 더 끓입니다. 쌀국수를 그릇에 담고 고명으로 4와 땅콩가루를 올리면 완성입니다.

야채 우동볶음

우동면만 준비되어 있다면 냉장고 속 야채로 손쉽게 만들 수 있는 메뉴입니다. 가볍게 즐기는 음식이지만 고단백식품인 달걀을 넣어 영양밸런스를 맞췄습니다. 달걀노른자의 인지질은 뇌 세포와 신경 세포의 구성 성분으로 지능과 기억력 향상에 도움을 주기 때문에 유아기 두뇌 발달에 반드시 필요합니다.

요리시간 : 20분
총 열량 : 483kcal
분 량 : 2회

재료
- [ ] 우동면 1팩(190g)
- [ ] 달걀 1개
- [ ] 양배추 40g
- [ ] 적양파 30g
- [ ] 당근 30g
- [ ] 파프리카 30g
- [ ] 팽이버섯 30g
- [ ] 간장 1작은술
- [ ] 가다랑어포 2g
- [ ] 포도씨유 2작은술
- [ ] 참깨 약간

TIP
- 5번 과정에서 굴소스를 추가하면 엄마, 아빠용 우동볶음이 됩니다.
- 새우와 오징어, 조갯살 등을 추가하면 맛있는 해물 우동볶음을 만들 수 있습니다.

1. 팽이버섯은 밑동을 잘라내 3등분하고, 양배추, 적양파, 당근, 파프리카는 모두 3~4cm 길이로 얇게 채 썰어 준비합니다.

2. 달걀은 잘 풀어 스크램블을 만듭니다.

3. 우동면은 끓는 물에 넣어 젓가락으로 살살 풀어 데친 뒤, 면이 다 풀리면 바로 꺼내 찬물에 헹군 다음 물기를 제거합니다.

4. 프라이팬에 포도씨유 1작은술을 두르고 조직이 단단한 당근을 먼저 볶다가 적양파, 양배추, 파프리카 순서로 넣고 충분히 볶습니다.

5. 야채가 충분히 익으면 3과 팽이버섯, 간장을 넣고 섞습니다. 중간에 남은 포도씨유를 조금씩 넣어가며 볶아야 재료들이 잘 융화됩니다.

6. 불을 끄고 2와 가다랑어포, 참깨를 뿌리면 완성입니다.

 # 아스파라거스 프리타타(frittata)

달걀과 우유를 통해 필수 아미노산을 보충할 수 있을 뿐만 아니라 비타민A·B·C와 칼슘, 엽산의 함량이 높은 아스파라거스와 브로콜리, 시금치를 넣어 만든 프리타타는 성장기 아이들에게 더할 나위 없이 완벽한 한 끼 식사입니다. 갓 구워 따뜻한 프리타타는 반찬으로도 좋지만 빵 사이에 넣어 샌드위치로 만들어도 좋습니다.

요리시간 : 25분
총 열량 : 318kcal
분 량 : 2회

재료
- 달걀 2개
- 아스파라거스 3개(40g)
- 시금치 30g
- 브로콜리 30g
- 방울토마토 2개
- 우유 50ml
- 슬라이스치즈 1장
- 다진 마늘 1작은술
- 올리브유 1작은술
- 소금 약간

TIP
프리타타는 육류나 해산물, 파스타 등을 넣어 만드는 이탈리아식 오믈렛입니다. 아이가 좋아하는 식품과 싫어하는 식품을 잘게 썰어 함께 넣으면 편식을 예방할 수 있습니다. 모차렐라치즈를 올려 오븐에 구우면 더욱 맛있는 프리타타를 즐길 수 있습니다.

1 손질한 아스파라거스는 세로로 길게 잘라 2cm 길이로 썰고, 시금치와 브로콜리는 살짝 데쳐서 한입 크기로 썹니다. 방울토마토는 4등분합니다.

2 달걀과 우유, 소금을 한 곳에 넣고 잘 풀어줍니다.

3 15cm 크기의 팬에 올리브유를 두르고 다진 마늘을 먼저 볶다가 1을 넣고 중불에서 5분간 충분히 볶습니다.

4 야채가 충분히 익으면 2를 넣고 슬라이스 치즈를 올려 약불로 줄인 후 뚜껑을 덮어 10~13분간 익히면 완성입니다.

 ## 연어크로켓

연어에는 동맥 경화나 혈전을 예방하는 EPA와 뇌의 활동을 좋게 하는 DHA 등 오메가-3 지방산이 다량 함유되어 있습니다. 연어 본연의 맛을 살리는 방법이 제일 좋지만 가끔은 집에서도 외식하는 느낌이 들도록 크로켓을 만들어 주면 아이가 훨씬 즐겁게 먹을 수 있습니다.

요리시간 : 30분
총 열량 : 811kcal
분 량 : 4회

재료
- 연어 100g
- 감자 200g
- 레몬 2~3조각
- 버터(or 올리브유) 1작은술
- 칠리소스 1큰술
- 홀토마토소스 1큰술
- 마요네즈 0.5큰술
- 밀가루 2큰술
- 달걀 1개
- 빵가루 50g
- 카놀라유 100g

TIP
- 튀김 온도를 확인하는 방법은 '단호박 호두 크로켓(p.219)'의 TIP을 참고합니다.
- 연어크로켓을 조금 더 건강하게 즐기고 싶다면 오븐이나 에어프라이어에 구워도 좋습니다. 5번 과정의 반죽에 카놀라유를 적당히 뿌린 후 200℃로 예열한 오븐에 넣어 10분간 구우면 담백한 맛의 연어크로켓이 완성됩니다.

1 감자는 껍질을 벗기고 잘게 자른 뒤 물과 함께 전자레인지 용기에 담아 5분간 익혀 으깹니다.

2 연어도 전자레인지 용기에 담아 레몬과 버터(올리브유)를 넣고 3분간 돌려 충분히 익힙니다.

3 볼에 1과 2를 넣고 으깬 후 칠리소스와 홀토마토소스, 마요네즈를 넣고 섞어 반죽합니다.

4 3을 1cm 두께의 직사각형으로 빚어 총 8개를 만듭니다. 튀기기 편한 모양으로 빚어도 좋습니다.

5 4에 밀가루 → 달걀 → 빵가루 순서로 튀김옷을 입힙니다.

6 15cm 크기의 팬에 카놀라유를 붓고 170℃가 되면 5를 넣어 겉면이 노릇노릇해질 때까지 튀기면 완성입니다.

 ## 청국장찌개

유아식과 청국장은 어울리지 않을 것 같지만 의외로 아이들이 굉장히 좋아하는 메뉴입니다. 콩에 다량으로 함유되어 있는 레시틴(lecithin)은 뇌 세포를 활성화하고 뇌 기능 향상에 도움을 줍니다. 또한 콩을 발효시켜 만든 청국장의 바실러스균은 발암물질을 감소시키고 유해물질을 흡착해서 몸 밖으로 배설하는 역할을 합니다. 따라서 고기와 야채 등 건더기 위주로 끓여낸 청국장찌개 하나만으로도 영양만점 한 끼 식사가 완성됩니다.

요리시간 : 30분
총 열량 : 428kcal
분 량 : 5~6회

📷재료
- 국거리 쇠고기 100g
- 생 청국장 80g
- 두부 60g
- 양파 50g
- 애호박 50g
- 배추 80g
- 팽이버섯 30g
- 다진 마늘 1작은술
- 다진 파 1작은술
- 멸치야채육수(p.15) 400ml
- 들기름 1작은술

🧤TIP
- 청국장은 양념이 가미된 청국장 대신 생 청국장을 사용할 것을 권장합니다.
- 배추 대신 김치를 넣고 끓이면 엄마, 아빠용 청국장찌개를 만들 수 있습니다.

1 양파, 애호박, 배추는 사방 1.5cm크기로 썰고 팽이버섯은 밑동을 잘라내 3등분합니다.

2 생 청국장과 두부는 사방 1cm 크기로 썰어 준비합니다.

3 냄비에 들기름을 두르고 국거리 쇠고기를 넣어 1~2분간 볶습니다.

4 1과 멸치야채육수를 넣고 센불에서 끓어오르면 중불로 줄여 15분간 끓입니다.

5 다진 마늘과 파를 넣은 다음 2를 넣어 5분간 더 끓이면 완성입니다.

연어 스테이크

건강한 뇌의 형성과 발육, 기억, 학습 효과를 향상시키는 DHA는 연어에 다량 함유되어 있습니다. 연어는 기름이 많은 생선으로 자칫 느끼할 수 있지만 비타민C가 많은 오렌지주스와 미소를 섞어 만든 소스를 곁들이면 연어의 느끼한 맛을 잡을 수 있습니다. 사이드로 준비한 채소 역시 비타민과 무기질이 풍부해 유아기 두뇌 발달에 도움이 됩니다.

요리시간 : 30분
총 열량 : 229kcal

재료
- ☐ 연어 1토막(50g)
- ☐ 올리브유 1작은술
- ☐ 오렌지주스 1큰술
- ☐ 시로미소(백된장) 0.5큰술
- ☐ 다진 생강 1작은술
- ☐ 레몬즙 1작은술
- ☐ 아스파라거스 1개
- ☐ 브로콜리 30g
- ☐ 방울토마토 3개
- ☐ 밥 70g
- ☐ 소금 약간
- ☐ 후추 약간

TIP
- 바다 생선은 염분이 포함되어 있어 간을 많이 할 필요가 없습니다.
- 연어 대신 DHA가 많은 고등어, 삼치 등으로 대체해도 좋고, 가니쉬로 올리는 채소들도 파프리카나 버섯 등 다양하게 활용할 수 있습니다.

1. 아스파라거스는 필러로 껍질을 제거한 후 끓는 물에 5초간 데친 후 건집니다.

2. 브로콜리는 한입 크기로 썰어 끓는 물에 2분간 데친 뒤 찬물에 헹궈 물기를 제거합니다.

3. 방울토마토는 +자 모양으로 칼집을 내고 끓는 물에 살짝 데친 후 찬물에 씻어 껍질을 벗긴 다음 반으로 자릅니다.

4. 연어는 찬물로 씻어 껍질을 제거하고 키친타월을 이용해 물기를 없앤 뒤 사방 1.5cm 크기로 썰어 소금과 후추로 밑간을 합니다.

5. 다진 생강과 레몬즙을 섞어 5분간 두었다가 체에 걸러 생강레몬즙을 만듭니다.

6. 작은 볼에 오렌지주스와 시로미소를 넣고 5에서 만든 생강레몬즙 1작은술을 넣어 소스를 만듭니다.

7. 달군 프라이팬에 올리브유를 넣고, 연어를 사방으로 굴려가며 노릇하게 굽습니다.

8. 아스파라거스와 브로콜리, 방울토마토도 살짝 구워 연어와 함께 접시에 담습니다. 연어에 6을 뿌리고 밥을 곁들이면 완성입니다.

새우 로제파스타

새우는 저지방 단백질 식품으로 필수 아미노산이 많이 포함되어 있기 때문에 두뇌 발달 및 성장 발육에 큰 역할을 합니다. 새우의 글리신(glycine)과 베타인(betaine)이 새우 고유의 풍미를 내 감칠맛을 살려주며 푸실리나 펜네와 같은 모양의 숏 파스타를 사용하면 아이들의 호기심을 불러올 수 있습니다.

요리시간 : 30분
총 열량 : 346kcal

🥘 재료
- 생새우 60g
  (껍질을 벗긴 새우 7마리)
- 스파게티면(건) 35g
- 홀토마토 퓨레 150g
- 양파 20g
- 파프리카 10g
- 청피망 10g
- 생크림 1.5큰술
- 올리브유 1작은술
- 건바질잎 약간
- 소금 약간
- 후추 약간

🍊 TIP
유지방 함량이 높은 생크림은 토마토의 새콤한 맛을 완화시켜주는 역할을 하는데, 동물성 생크림을 사용하는 것이 좋습니다. 사용 후 남은 생크림은 쇠고기 리소토나 크림파스타, 크림떡볶이 등 다양한 요리에 활용할 수 있습니다.

1. 새우는 껍질을 벗기고 이쑤시개를 이용해 등쪽의 내장을 제거합니다.

2. 양파와 파프리카, 청피망은 2cm 길이로 채 썰어 준비합니다.

3. 끓는 물에 분량 외의 올리브유 1~2방울을 넣고 스파게티면을 넣어 10분간 삶아 건집니다.

4. 팬에 올리브유를 두르고 2를 넣어 양파가 투명해질 때까지 볶다가 1을 넣고 1분간 볶은 다음 소금과 후추로 밑간을 합니다.

5. 홀토마토 퓨레를 넣고 2~3분간 중불에서 끓입니다.

6. 분량의 생크림과 건바질잎을 넣고 잘 섞어 소스를 완성합니다.

7. 6에 3을 넣고 면에 소스가 잘 스며들도록 섞어 그릇에 담아내면 완성입니다.

 ## 미트볼 견과류 덮밥

동글동글 귀여운 미트볼은 아이들이 굉장히 좋아하는 음식 중 하나입니다. 기본적인 토마토소스에 오메가-3지방산이 풍부한 견과류(호두, 아몬드, 땅콩)를 넣으면 집중력 및 학습 능력을 향상시킬 수 있어 유아기 두뇌 발달에 매우 도움이 됩니다.

요리시간 : 30분
총 열량 : 396kcal
(밥 미포함)
분 량 : 2회

재료
- 다진 쇠고기 40g
- 다진 돼지고기 40g
- 양파 30g
- 당근 20g
- 넛맥가루 약간
- 소금 약간
- 후추 약간
- 올리브유 2작은술

• 소스
- 단호박 30g
- 다진 마늘 1작은술
- 홀토마토 100g
- 건바질잎 약간
- 견과류 20g(호두 1/2개, 아몬드 5개, 땅콩 5개)

TIP
- 양파와 당근은 고기와 함께 반죽에 넣기 때문에 최대한 곱게 다집니다.
- 미트볼 견과류 덮밥은 밥뿐만 아니라 숏 파스타(푸실리 or 펜네)나 빵과 함께 먹어도 좋습니다.

1 소스에 들어갈 단호박은 껍질을 벗겨 0.5~1cm 길이로 썰어 준비합니다.

2 견과류는 분쇄기에 넣어 곱게 갑니다.

3 양파와 당근은 곱게 다진 뒤, 올리브유 1작은술을 두른 팬에 넣고 수분이 없어질 때까지 볶아서 식혀둡니다.

4 볼에 3과 다진 쇠고기와 돼지고기, 넛맥가루와 소금, 후추를 넣고 치대며 반죽합니다. 잘 치댄 반죽에 2를 일부 섞어도 좋습니다.

5 4의 반죽을 100원짜리 동전 크기만큼 동그랗게 빚어 미트볼을 만듭니다.

6 올리브유 1작은술을 두른 팬에 미트볼을 굴려가며 노릇하게 구운 뒤 다른 그릇에 옮겨둡니다.

7 미트볼을 구운 팬에 1과 다진 마늘을 넣고 단호박이 익을 때까지 볶다가 2와 홀토마토, 건바질잎을 넣고 1~2분간 약불에서 뭉근하게 끓입니다.

8 미트볼을 넣고 섞다가 뚜껑을 덮어 약불에서 1~2분간 끓이면 완성입니다. 소스가 너무 되직할 경우 물을 소량 넣어도 좋습니다.

 ## 꼬마김밥

알록달록 한입에 쏙 들어가는 귀여운 꼬마김밥은 아이들이 좋아하는 메뉴 중 하나로 맛과 영양은 물론 아이들의 식사시간을 즐겁게 만들어줍니다. 탄수화물과 단백질, 지방의 균형 잡힌 식사는 유아기 두뇌 및 성장 발달에 가장 기본이 됩니다.

요리시간 : 1시간 30분
총 열량 : 546kcal
분 량 : 2회

재료

- 우엉조림
  - ☐ 우엉 240g
  - ☐ 식초 1~2방울
  - ☐ 간장 1큰술
  - ☐ 맛술 1큰술
  - ☐ 물엿 2큰술
  - ☐ 들기름 0.5큰술
  - ☐ 물 300ml
  - ☐ 참깨 약간
- 메인요리
  - ☐ 달걀 2개
  - ☐ 당근 50g
  - ☐ 오이 50g
  - ☐ 우엉조림 30g
  - ☐ 김밥용 김(1/4) 8장
  - ☐ 밥 200g
  - ☐ 소금 약간
  - ☐ 참기름 1작은술
  - ☐ 깨소금 약간

TIP

김밥에 들어가는 재료는 정해진 게 없습니다. 아이들이 평소 안 먹는 반찬이 있다면 좋아하는 반찬과 함께 꼬마김밥 속에 몰래 넣으면 눈에 보이지 않아 잘 먹습니다. 또한 아이와 함께 김밥을 만들면 편식을 예방함은 물론 식사시간이 더 즐거워집니다.

1. 우엉은 필러로 껍질을 벗기고 얇게 채 썰어 흐르는 물에 여러 번 헹군 뒤 식초를 넣은 물에 10분 정도 담가 떫은맛을 제거합니다.

2. 냄비에 우엉을 넣고 참깨를 제외한 분량의 우엉조림 재료를 모두 넣어 센불에서 끓입니다.

3. 국물이 반으로 졸면 중불로 줄이고 국물이 살짝 남아 촉촉한 상태가 될 때까지 졸이다가 참깨를 넣으면 우엉조림이 완성됩니다.

4. 당근과 오이는 최대한 얇게 채 썰어 준비합니다. 채칼을 이용하면 편리합니다.

5. 4를 기름을 두른 팬에 각각 넣고 소금으로 밑간하여 볶습니다. 오이는 숨이 죽을 정도로 살짝만 볶습니다.

6. 달걀은 잘 풀어서 두툼한 달걀말이를 만들고 8개로 썰어 식혀둡니다.

7. 밥에 참기름, 소금, 깨소금을 넣어 밑간을 합니다.

8. 김 1/4장에 밥을 얇게 펴고 준비한 재료를 넣어 돌돌 말아주면 완성입니다.

 ## 아보카도 후무스 미니버거

칼륨과 비타민B_2·C가 풍부한 아보카도는 영·유아기 두뇌 발달에 도움이 되는 필수 지방산이 풍부합니다. 또한 칼슘과 비타민C, 철분, 마그네슘 함량이 높은 병아리콩을 넣어 부드럽게 만든 후무스는 버거뿐만 아니라 육류나 채소 요리에도 굉장히 잘 어울립니다. 모닝빵을 이용해 만들었기 때문에 아이들과 외출했을 때도 밖에서 편하게 먹을 수 있습니다.

요리시간 : 25분
총 열량 : 1,118kcal
분 량 : 5회

재료
- 모닝빵 5개(125g)
- 아보카도 후무스(p.295) 5큰술
- 버터 1작은술
- 양상추 30g
- 마요네즈 0.5큰술
- 케첩 1큰술

• 패티
- 다진 쇠고기 120g
- 다진 돼지고기 90g
- 적양파(or 양파) 60g
- 빵가루 1큰술
- 우유 1큰술
- 넛맥 0.5작은술
- 소금 약간
- 후추 약간
- 포도씨유 0.5큰술

TIP
빵과 패티가 준비되어 있다면 어떤 재료를 추가해도 좋습니다. 달콤한 칠리소스나 슬라이스치즈를 패티 위에 올리면 아이들이 훨씬 더 좋아합니다.

패티를 만듭니다. 적양파는 잘게 다져서 포도씨유를 두른 팬에 수분이 없어질 때까지 5분간 볶은 후 식혀둡니다.

큰 볼에 1을 넣고 포도씨유를 제외한 분량의 패티 재료를 모두 넣어 충분히 치대 반죽을 만듭니다.

2를 50g씩 분할하여 동그랗고 납작하게(모닝빵 크기) 성형합니다. 이때 패티의 가운데를 누르면 구울 때 가운데가 부풀어 오르는 것을 예방할 수 있습니다.

포도씨유를 두른 팬에 3을 올려 2분간 굽고 뒤집어서 1분간 구운 후, 약불로 줄이고 뚜껑을 덮어 2분간 더 익힙니다.

모닝빵은 반으로 잘라 버터를 녹인 팬에 올려 살짝 굽습니다.

5의 안쪽에 마요네즈를 살짝 바르고 아보카도 후무스를 올립니다.

그 위에 양상추를 올리고 케첩을 뿌린 후 구운 패티를 올리면 완성입니다.

 # 쇠고기 가지 덮밥

가지의 안토시아닌(anthocyanin)은 항산화효과가 뛰어나 세포의 노화를 지연시키며, 풍부한 식이섬유로 인해 대장 운동이 활발해져 변비 예방에도 도움이 됩니다. 양질의 쇠고기와 함께 섭취할 경우 필수 아미노산 및 철분 등의 영양소가 보완되므로 두뇌 발달에 많은 도움이 되며 부드러운 식감으로 아이들도 매우 좋아합니다.

요리시간 : 20분
총 열량 : 350kcal
　　　　(밥 미포함)
분　량 : 2회

재료
- 다진 쇠고기 100g
- 가지 1개(140g)
- 양배추 60g
- 다진 마늘 0.5큰술
- 다진 파 1큰술
- 포도씨유 1작은술
- 쇠고기육수(p.16) 70ml
- 간장 2작은술
- 꿀 1작은술
- 참기름 0.5작은술
- 후추 약간
- 맛술 1작은술
- 감자전분 1작은술
- 물 2작은술

TIP
재료를 2배 분량으로 넉넉히 준비해 아이용 음식에는 간장을 넣고, 엄마, 아빠용 음식에는 간장 대신 굴소스를 넣어 감칠맛을 살리거나 두반장을 넣어 매콤한 맛을 더하면 유아식과 일반식 모두 가능합니다.

1 다진 쇠고기에 후추와 맛술을 넣고 밑간을 합니다.

2 가지는 세로로 길게 잘라 0.5cm 두께로 얇게 썰고, 양배추도 사방 1.5cm 크기로 썰어서 준비합니다.

3 간장과 꿀, 참기름을 섞어 양념장을 만듭니다.

4 냄비에 포도씨유를 두르고 다진 마늘과 파를 볶아 향을 냅니다.

5 1을 넣고 마늘과 파의 향이 잘 배도록 골고루 볶습니다.

6 2와 3을 넣고 잘 섞으며 볶습니다.

7 가지와 양배추가 반쯤 익었을 때 쇠고기육수를 넣고 2~3분간 끓입니다.

8 감자전분에 물을 넣어 만든 전분물을 2작은술 넣고 잘 섞어 걸쭉한 농도가 되면 완성입니다.

 ## 아마씨 밥 + 병어찜 + 3종 나물

단백질이 풍부하고 비타민B_1 함량이 높은 병어는 비린 맛이 적고 담백하여 아이들 입맛에 잘 맞는 생선입니다. 특히 무와 생선을 함께 조리하면 무의 디아스타아제(diastase)라는 소화 효소가 소화 흡수율을 높여주기 때문에 궁합이 잘 맞습니다. 두뇌 발달에 꼭 필요한 필수 아미노산은 병어를 통해 얻고 다양한 채소 반찬으로 비타민과 무기질을 보완하면 뇌가 최고의 기능을 할 수 있는 완벽한 한 끼 식사가 됩니다.

아마씨 밥

요리시간 : 20분
총 열량 : 1126kcal
분 량 : 8회

재료
- 불린 쌀 2컵(310g)
- 볶은 아마씨 1큰술
- 물 2컵(400ml)

1

압력밥솥에 분량의 재료를 넣고 밥을 지으면 완성입니다. 완성된 밥은 한 끼 먹을 분량만 덜어내고 남은 밥은 1회분씩 소분해 냉동 보관 합니다.

🧤TIP
아마씨는 오메가-3와 리그난(lignan)이 풍부해 건강에 도움이 되지만 과다섭취는 피하는 것이 좋습니다. 시안배당체를 함유하고 있기 때문에 가열처리를 통해 효소불활성화를 시킨 제품을 선택하는 것이 좋고, 열처리한 씨에 한하여 일일 섭취량이 16g을 초과하지 않아야 합니다. 1회 섭취량은 4g을 초과하지 않을 것을 권장합니다.

병어찜

요리시간 : 20분
총 열량 : 110kcal
분 량 : 1회

재료
- 병어 1마리(90g)
- 무(0.5cm) 4조각

1

병어는 깨끗하게 씻은 후 머리와 꼬리, 지느러미를 잘라내고, 내장을 제거한 후 몸통에 칼집을 넣습니다.

🧤TIP
생선으로 찜이나 조림을 할 경우 무를 생선 사이에 넣어 조리하면 생선의 비린내를 잡아줌은 물론 살이 부드럽고 촉촉해집니다.

2

0.5cm 두께로 썬 무 3조각을 찜기 바닥에 깔고 그 위에 손질한 병어와 무 1조각을 올려 15분간 푹 익히면 완성입니다.

유아식

애호박 나물

요리시간 : 15분
총 열량 : 56kcal
분 량 : 3회

재료
- 애호박 100g
- 당근 10g
- 양파 10g
- 새우젓 1작은술
- 포도씨유 0.5작은술
- 물 1큰술
- 깨소금 약간

1. 애호박을 0.5cm 두께로 채 썰어 준비하고 당근과 양파도 얇게 채 썰어둡니다.

2. 새우젓은 칼로 잘게 다져 1작은술을 준비합니다.

3. 포도씨유를 두른 냄비에 1을 넣고 살짝 볶다가 물과 2를 넣고 중불에서 뚜껑을 덮어 부드럽게 익힙니다. 깨소금을 넣어 간을 맞추면 완성입니다.

TIP
애호박을 볶을 때 너무 자주 혹은 세게 저으면 애호박이 쉽게 으깨집니다. 불 조절에 신경을 써서 타거나, 덜 익거나, 풀어지는 것을 막도록 합니다.

무 들깨 나물

요리시간 : 15분
총 열량 : 108kcal
분 량 : 4회

1. 무는 껍질을 벗기고 2mm 두께로 얇게 채 썰어 준비합니다.

2. 냄비에 들기름을 두르고 무를 살짝 볶다가 준비한 물 or 멸치야채육수를 넣고 2~3분간 끓입니다.

재료
- 무 150g
- 들깨가루 1큰술
- 다진 마늘 1작은술
- 다진 파 1작은술
- 들기름 0.5작은술
- 멸치야채육수(p.15) or 물 100ml
- 소금 약간 or 멸치액젓 0.5작은술

3

다진 마늘과 다진 파, 들깨가루를 넣고 잘 섞은 뒤 약불에서 뚜껑을 덮고 뭉근하게 익힙니다. 소금 or 멸치액젓을 넣어 간을 맞추면 완성입니다.

TIP
멸치야채육수를 사용할 경우에는 소금으로 간을 맞추고 물을 사용할 경우에는 멸치액젓으로 간을 맞추는 것을 추천합니다.

시금치 나물

요리시간 : 10분
총 열량 : 56kcal
분 량 : 3회

재료
- 시금치 100g
- 참기름 0.5작은술
- 소금 약간
- 깨소금 약간

1

시금치는 끓는 물에 2분간 데친 뒤 찬물에 헹궈 물기를 꽉 짭니다.

2

데친 시금치에 소금, 참기름, 깨소금을 넣고 조물조물 무치면 완성입니다.

TIP
시금치는 데친 후 먹기 좋은 크기로 썰어 양념해도 좋고, 양념에 무친 후 가위로 잘라서 먹여도 좋습니다. 또한 다진 마늘과 다진 파를 소량 넣는 것도 좋습니다.

유아식

 ## 새우볶음밥 + 달걀 파 국

볶음밥은 야채를 싫어하거나 먹지 않는 아이에게 좋은 조리법으로 어떤 주재료를 넣느냐에 따라 맛과 영양이 달라집니다. 필수 아미노산을 다량 함유한 새우와 오메가-3지방산이 풍부한 아마씨유를 넣어 영양은 물론 맛과 풍미를 높인 새우볶음밥은 아이들 두뇌 건강에 매우 좋습니다.

새우볶음밥

요리시간 : 30분
총 열량 : 233kcal

재료
- 생새우 5마리
- 양송이버섯 大 1개
- 당근 20g
- 양파 20g
- 카놀라유 0.5큰술
- 밥 100g
- 소금 약간
- 아마씨유 1~2방울

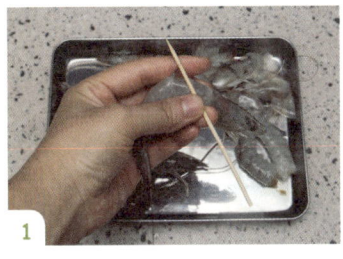

1 새우는 이쑤시개를 이용해 내장을 제거한 뒤, 껍질을 벗기고 몸통을 반으로 저며 3등분해 썰어 둡니다.

2 양송이버섯은 기둥을 제거해 굵게 다지고 당근과 양파도 작은 주사위 모양으로 다집니다.

3 카놀라유를 두른 팬에 2를 넣고 볶다가 1을 넣어 새우가 붉은색으로 변할 때까지 볶습니다.

4 밥을 넣고 골고루 잘 섞은 뒤 소금으로 간을 맞추고 아마씨유로 향을 더하면 완성입니다.

▶TIP
처음부터 아마씨유를 과하게 넣으면 아마씨유 특유의 비릿하고 느끼한 맛이 강해집니다. 마지막에 참기름 대신 아마씨유를 살짝 넣어 향을 첨가하는 것이 좋습니다.

달걀 파 국

요리시간 : 10분
총 열량 : 87kcal
분 량 : 2회

재료
- 달걀 1개
- 쪽파 10g
- 멸치야채육수(p.15) 200ml

1 멸치야채육수는 미리 준비하고 달걀은 잘 풀어서, 쪽파는 1.5cm 길이로 썰어서 준비합니다.

2 냄비에 멸치야채육수를 넣고 끓어오르면 달걀과 대파를 넣어 중불에서 3분간 끓이면 완성입니다.

▶TIP
진하게 우려낸 멸치야채육수를 사용할 경우 간(소금 or 국간장)은 생략해도 좋습니다.

닭고기 땅콩소스 삼각김밥 + 토마토주스

땅콩은 불포화지방산과 비타민E가 풍부하며 나이아신(niacin)과 단백질의 함량도 비교적 높은 편입니다. 유아기 두뇌 발달에는 필수 지방산이 매우 중요하기 때문에 땅콩을 이용해 직접 땅콩버터를 만들어두면 유아식에 두루두루 사용할 수 있어 좋습니다. 단, 시중에서 판매하는 제품은 첨가물뿐만 아니라 당분의 함량이 높아 이 시기에 권장하지 않습니다.

닭고기 땅콩소스 삼각김밥

요리시간 : 30분
총 열량 : 365kcal
분   량 : 2회

재료
- 닭 안심 40g
- 양파 1/4조각
- 밥 160g
- 김 1/4장

• 땅콩소스
- 수제땅콩버터 1큰술
- 간장 1작은술
- 식초 1작은술
- 꿀 0.5작은술

• 수제땅콩버터
- 볶은 땅콩 50g
- 포도씨유 1작은술
- 꿀 1큰술

1 땅콩버터를 만듭니다. 볶은 땅콩의 껍질을 벗기고 꿀과 포도씨유를 준비합니다.

2 볶은 땅콩을 분쇄기에 넣고 곱게 갈아 가루로 만듭니다.

3 2에 꿀과 포도씨유를 넣고 1~2분 정도 더 갈아 끈적끈적하면서도 매끄러운 상태가 되면 땅콩버터가 완성입니다.

4 완성된 땅콩버터에 간장, 식초, 꿀을 넣고 섞어 땅콩소스를 만듭니다.

5 양파를 넣고 끓인 물에 닭 안심을 넣어 7분간 삶은 뒤 찬물에 헹궈 잘게 찢습니다.

6 결대로 잘게 찢은 닭 안심에 4를 넣고 잘 버무립니다.

7 삼각김밥 틀에 밥을 적당히 올리고 가운데에 6을 넣습니다.

8 그 위에 다시 밥을 올리고 뚜껑으로 꾹 누릅니다. 모양이 잡힌 밥에 김을 감싸면 완성입니다.

토마토주스

요리시간 : 5분
총 열량 : 24kcal

재료
☐ 토마토小 2개(150g)

1 토마토는 ╋자로 칼집을 내고 끓는 물에 살짝 데칩니다.

2 데친 토마토를 찬물에 헹군 후 겉껍질을 벗기고 적당한 크기로 썰어 믹서에 갈면 완성입니다.

 ## 참치 두부 야채전 + 잔멸치 아몬드볶음 + 가지나물

참치는 두뇌 기능을 활성화시켜 학습능력을 키워주는 DHA가 풍부합니다. 물론 통조림 참치는 생 참치에 비해 DHA 함량이 낮은 편이지만 간편하게 즐길 수 있다는 장점이 있습니다. 아몬드는 불포화지방산이 풍부하고 비타민E와 철분 및 칼슘을 함유하고 있어서 유아기 두뇌 및 신체 발달에 도움이 되는 식품입니다.

참치 두부 야채전

요리시간 : 20분
총 열량 : 425kcal
분 량 : 3회

🍲 재료
- 통조림 참치 100g
- 두부 70g
- 애호박 30g
- 양파 20g
- 당근 20g
- 밀가루 1.5큰술
- 전분 0.5큰술
- 카놀라유 0.5큰술

1. 통조림 참치를 체에 밭쳐 놓고 숟가락으로 누르며 기름을 완전히 제거합니다.

2. 두부는 으깨고, 당근과 양파, 애호박은 1.5cm 길이로 얇게 채 썰어둡니다.

3. 볼에 1과 2, 밀가루와 전분을 넣고 잘 섞어 반죽합니다. 반죽이 너무 되직할 경우 물을 소량 넣어도 좋습니다.

4. 카놀라유를 두른 팬에 반죽을 한입 크기로 올린 뒤, 앞뒤로 노릇하게 구워 접시에 담아내면 완성입니다.

🧤 TIP
- 통조림 참치는 염분의 함량이 높기 때문에 추가로 간을 하지 않는 것이 좋습니다.
- 레시피에 들어있는 채소 이외에 데친 시금치나 브로콜리를 넣어도 좋습니다.

잔멸치 아몬드볶음

1. 볶은 아마씨를 분쇄기에 넣고 곱게 갈아 아마씨가루를 만듭니다.

2. 마른 팬에 잔멸치와 아몬드슬라이스를 넣고 살짝 볶다가 카놀라유와 아가베시럽을 넣고 갈색으로 변할 때까지 볶습니다.

요리시간 : 10분
총 열량 : 258kcal
분 량 : 5회

재료
- 잔멸치 30g
- 아몬드슬라이스 20g
- 아가베시럽 1작은술
- 카놀라유 0.5작은술
- 아마씨가루 1작은술

3

아마씨가루를 넣고 잘 섞으면 완성입니다.

TIP
- 볶은 아마씨를 통째로 넣어도 좋지만 소화흡수율을 높이기 위해서는 가루로 넣는 것이 더 좋습니다.
- 아가베시럽 대신 꿀이나 올리고당을 사용해도 됩니다.

가지 나물

요리시간 : 10분
총 열량 : 57kcal
분 량 : 3회

재료
- 가지 1개(150g)
- 간장 1작은술
- 아가베시럽 1작은술
- 참기름 0.5작은술
- 깨소금 약간

1

깨끗하게 씻은 가지는 꼭지를 제거하고 길쭉하게 썰어 김이 올라오는 찜기에 넣고 5분간 찝니다.

2

찐 가지는 물기를 짠 뒤 한입 크기로 자르고, 작은 볼에 간장과 아가베시럽, 참기름, 깨소금을 넣어 양념장을 만듭니다.

3

가지에 양념장을 넣어 조물조물 무치면 완성입니다.

TIP
가지는 쪄서 무치는 방법과 기름에 볶는 방법이 있습니다. 쪄서 무칠 경우에는 아린 맛이 강한 마늘을 생략하는 게 좋지만 볶을 경우에는 마늘을 약간 넣는 것이 더 맛있습니다.

고등어구이 + 배추 된장국 + 5색 야채꼬치

고등어는 오메가-3지방산이 풍부한 대표적인 생선입니다. 오메가-3지방산은 두뇌 발달과 망막 형성에 필요한 DHA 등을 공급하는 영양소이므로 유아, 아동기까지 꾸준하게 섭취하는 것이 좋습니다. 또한 비타민과 미네랄이 풍부한 채소를 함께 섭취했을 때 기억력이나 학습 능력을 더 좋게 하는 시너지 효과가 있습니다.

고등어구이

요리시간 : 20분
총 열량 : 131kcal

재료
- 고등어 1토막(60g)
- 포도씨유 1작은술

1 고등어를 쌀뜨물에 10분 정도 담가 비린내를 제거하고 ×자로 칼집을 넣습니다.

2 달군 프라이팬에 포도씨유를 두르고 고등어 안쪽 살을 먼저 굽습니다. 노릇하게 구워지면 뒤집어 그대로 충분히 익힙니다.

TIP
- 생선에 칼집을 넣는 이유는 구웠을 때 예쁜 모양을 내기 위함이니 생략해도 좋습니다.
- 너무 센불에서 생선을 구우면 연기가 나며 쉽게 탈 수 있습니다. 팬이 뜨겁게 달궈진 상태라면 중불로 조절하고 생선을 올려 굽도록 합니다.

배추 된장국

요리시간 : 20분
총 열량 : 115kcal
분 량 : 3~4회

재료
- 배추 150g
- 두부 80g
- 된장 1작은술
- 미소 0.5작은술
- 다진 파 1작은술
- 다진 마늘 1작은술
- 멸치야채육수(p.15) 300g

1 두부를 사방 1cm 크기로 썰고, 배추는 한입 크기로 썰어 준비합니다.

2 냄비에 멸치야채육수를 넣고 끓으면 분량의 된장과 미소를 넣고 잘 풀어줍니다.

3 배추를 넣고 중불에서 5분간 끓이다가 다진 파와 마늘을 넣고 뚜껑을 덮어 10분간 끓입니다.

4 두부를 넣고 약불로 줄여 5분간 더 끓이면 완성입니다.

TIP
일반 된장과 미소를 함께 넣으면 된장국의 맛이 좀 더 부드러워집니다. 된장의 종류에 따라 염분의 양이 달라지니 된장의 양은 가감하도록 합니다.

5색 야채꼬치

요리시간 : 20분
총 열 량 : 106kcal
분 량 : 2회

재료
- 방울토마토 3개
- 브로콜리 15g
- 노란 파프리카 15g
- 양송이버섯 1개
- 가지 15g
- 올리브유 2작은술
- 소금 약간

1 방울토마토는 끓는 물에 살짝 데쳐 껍질을 벗기고 반으로 자릅니다. 브로콜리도 살짝 데쳐서 파프리카, 양송이버섯, 가지와 함께 방울토마토 크기로 썰어둡니다.

2 나무꼬지에 1의 재료를 꽂습니다.

3 프라이팬 바닥에 올리브유를 두르고 야채꼬치를 올려 솔로 올리브유를 골고루 바른 후 소금을 뿌립니다.

4 중불에서 야채를 익히면 완성입니다. 가지와 파프리카를 충분히 익히기 위해서는 약불로 줄이고 뚜껑을 덮어 익힙니다.

TIP
야채를 나무꼬지에 끼웠을 때 바닥에 고루 닿을 수 있도록 손질해야 팬에 굽기 좋습니다. 너무 두껍게 썰면 야채들이 골고루 익지 않으니 일정한 두께와 크기로 썰어 꼬지에 끼우는 것이 중요합니다.

닭고기 비트 연근전 + 톳미역국 + 브로콜리 양파볶음

철분과 비타민C가 풍부한 비트와 연근, 필수 아미노산이 많은 닭고기를 갈아서 전으로 만들었습니다. 각종 비타민과 무기질이 풍부한 비트와 연근을 곱게 다져서 전이나 완자를 만들면 부드러운 식감과 예쁜 색으로 아이들의 편식을 예방할 수 있습니다. 비타민A와 엽산 등이 풍부한 브로콜리, 철분과 칼슘이 풍부한 해조류는 유아기 두뇌 및 성장 발달에 유익한 식품입니다.

닭고기 비트 연근전

요리시간 : 20분
총 열량 : 301kcal
분 량 : 2회

🥣 재료
- 닭 안심 100g
- 비트 20g
- 연근 60g
- 밀가루 1큰술
- 전분 1작은술
- 포도씨유 0.5큰술

1. 연근의 껍질을 벗기고 적당한 크기로 잘라 끓는 물에 살짝 데친 후, 비트와 함께 분쇄기에 넣어 곱게 다집니다.

2. 닭 안심도 하얀 막을 제거해 분쇄기로 곱게 다집니다.

3. 볼에 1과 2, 밀가루, 전분을 넣고 잘 섞어서 반죽을 만듭니다.

4. 달군 팬에 포도씨유를 두르고 3을 조금씩 떠서 납작하게 만들어 앞뒤로 노릇하게 구우면 완성입니다.

🧤 TIP
- 반죽에 밀가루와 전분을 넣지 않고 만들어도 좋으며, 오히려 밀가루와 전분을 많이 넣으면 단단해질 수 있습니다.
- 비트가 없다면 단호박이나 당근으로 대체해도 좋습니다.

톳미역국

1. 톳은 흐르는 물에 여러 번 씻어 짠맛을 제거하고 미역과 함께 넉넉한 물에 담가 30분 정도 충분히 불립니다.

2. 냄비에 1과 들기름을 넣어 중불에서 5분간 달달 볶습니다.

요리시간 : 1시간
총 열량 : 80kcal
분 량 : 5회

재료
- 톳(건) 7g
- 미역(건) 15g
- 들기름 1작은술
- 다진 마늘 1작은술
- 국간장 1작은술
- 물 or 멸치야채육수(p.15) 600~700ml

3

분량의 물 or 멸치야채육수를 넣고 중불에서 20분간 푹 끓인 뒤 다진 마늘과 국간장을 넣고 10분간 더 끓이면 완성입니다.

TIP
미역국은 약한 불에서 오래 끓여야 깊은 맛이 납니다. 국을 끓일 때는 국물보다 재료를 더 넉넉히 넣어 재료 본연의 맛이 우러나오도록 끓이면 특별한 양념을 하지 않아도 감칠맛이 납니다.

브로콜리 양파볶음

요리시간 : 10분
총 열량 : 31kcal

재료
- 브로콜리 30g
- 양파 10g
- 아마씨유 0.2작은술
- 참깨 약간
- 소금 약간

1

브로콜리를 끓는 물에 1분간 데친 후 찬물에 헹궈 양파와 같이 사방 0.5~1cm 크기로 썰어 준비합니다.

2

팬에 아마씨유를 두르고 1을 넣어 양파가 투명해질 때까지 볶다가 참깨와 소금을 넣으면 완성입니다.

TIP
- 조금 더 부드럽게 익히고 싶다면 물을 1~2숟가락 정도 넣고 브로콜리와 양파를 볶다가 참깨를 곱게 갈아 넣으면 됩니다.
- 당근이나 파프리카를 이용해 다양한 색을 표현하면 시각적인 효과가 있어 아기들이 거부감 없이 잘 먹습니다.

 ## 메추리알 장조림 + 콩나물무침 + 감자 비트볶음 + 렌틸콩 밥

메추리알은 단백질과 비타민A, 철분, 인이 풍부하며 특히 뇌신경 성장에 필수적인 레시틴 (lecithin)을 다량 함유하고 있습니다. 또한 비타민C가 풍부한 감자와 철분이 많은 비트를 섞어 만든 반찬은 유아기 뇌 집중력을 높여주며, 렌틸콩은 백미에 부족한 비타민B_1과 철분을 보완해주기 때문에 빈혈 예방 및 두뇌 발달에 도움이 됩니다.

메추리알 장조림

요리시간 : 15분
총 열량 : 449kcal
분 량 : 4회

재료
- 깐 메추리알 200g(20개)
- 간장 1큰술
- 올리고당 1큰술
- 맛술 1작은술
- 참기름 0.5작은술
- 멸치야채육수(P.15) or 물 150ml

1. 깐 메추리알을 흐르는 물에 2~3번 헹군 뒤 냄비에 넣고 분량의 재료를 모두 넣어 센불에서 끓입니다.

2. 끓어오르면 중불로 줄이고 13~15분간 메추리알에 골고루 색이 배도록 졸이면 완성입니다.

TIP
메추리알 삶는 방법
메추리알을 흐르는 물에 1~2번 헹궈 냄비에 넣고 메추리알이 잠길 정도로 물을 붓습니다. 물에 굵은 소금 1작은술과 식초 1작은술 넣고 10분간 삶으면 됩니다. 이때 한 방향으로 저으며 끓이면 노른자가 가운데로 몰려 껍질을 벗길 때 수월합니다.

콩나물무침

요리시간 : 15분
총 열량 : 70kcal
분 량 : 2~3회

재료
- 콩나물 100g (데친 후 80g)
- 참기름 0.5작은술
- 소금 약간
- 참깨 약간
- 물 100ml

1. 깨끗하게 씻은 콩나물을 냄비에 넣고 물을 부어 5분간 삶아 찬물에서 식힙니다. 이때 젓가락으로 콩나물을 뒤집어가며 삶으면 골고루 잘 익습니다.

2. 데친 콩나물은 물기를 꽉 짜고 참기름, 소금, 참깨를 넣어 무치면 완성입니다.

TIP
콩나물을 데칠 때는 뚜껑을 닫거나 아예 처음부터 열고 데쳐야 콩 비린내가 나지 않습니다.

감자 비트볶음

요리시간 : 15분
총 열량 : 101kcal
분 량 : 2~3회

재료
- 감자 中 1개(140g)
- 비트 10g
- 물 100ml
- 소금 0.5작은술
- 포도씨유 0.5작은술

1. 감자는 껍질을 벗겨 0.5cm 두께로 길쭉하게 썰고 물에 헹궈 전분을 제거합니다. 비트는 감자의 절반 크기로 썰어 준비합니다.

2. 냄비에 감자와 비트, 물, 소금을 넣고 바닥에 물이 거의 없어질 때까지 6~7분간 삶습니다.

3. 마지막으로 포도씨유를 넣고 1분간 복듯이 섞으면 완성입니다.

TIP
비트는 감자처럼 포슬포슬하게 익지 않기 때문에 감자보다 작게 채 썰어 넣거나 끓은 물에 한번 데친 뒤 넣는 것이 좋습니다.

렌틸콩 밥

요리시간 : 20분
총 열량 : 589kcal
분 량 : 4회

재료
- 쌀 1컵(155g)
- 렌틸콩 1큰술(15g)
- 물 1컵(200ml)

1. 분량의 쌀과 렌틸콩을 씻어서 1시간 정도 불린 뒤 물을 넣고 밥을 지으면 완성입니다.

TIP
압력밥솥이 아닌 냄비로 밥을 지을 때는 렌틸콩을 2~3시간 불렸다 사용하는 것이 좋습니다.

쇠고기 감자찜 + 5색 야채전

비타민C가 풍부해 철분 흡수를 도와주는 감자는 알칼리성 식품으로 산성 식품인 육류와 함께 섭취하면 영양의 균형을 잡을 수 있습니다. 또한 항산화물질인 파이토케미컬(phytochemicals)은 채소와 과일 속에 다량 함유되어 있기 때문에 다양한 색의 채소를 함께 먹으면 더욱 좋습니다.

쇠고기 감자찜

요리시간 : 25분
총 열량 : 346kcal
분 량 : 3회

📷 재료
- ☐ 쇠고기 안심 100g
- ☐ 감자 100g
- ☐ 양파 70g
- ☐ 다진 마늘 1작은술
- ☐ 쪽파 10g
- ☐ 물 200ml

• 양념장
- ☐ 간장 1큰술
- ☐ 맛술 1작은술
- ☐ 참기름 1작은술
- ☐ 꿀 1작은술
- ☐ 후추 약간

1. 감자를 사방 1cm 크기로 썰고 물에 2~3번 헹궈 전분기를 제거합니다. 양파도 감자 크기로 썰어 준비합니다.

2. 쇠고기 안심은 키친타월을 이용해 핏물을 제거하고 사방 1cm 크기로 썰어 둡니다.

3. 볼에 분량의 양념장 재료를 모두 넣어 잘 섞습니다.

4. 냄비에 1, 2, 3과 물을 넣고 센불에서 끓어오르면 중불로 줄여 뚜껑을 덮고 익힙니다.

5. 끓어오르면서 생기는 거품은 걷어내고 다진 마늘과 쪽파를 넣어 10분간 더 끓이면 완성입니다.

🌱 TIP
❀ 감자는 손으로 들었을 때 묵직하고 단단하며 껍질에 물기나 주름이 없는 것이 좋습니다.
❀ 초록빛을 띠거나 싹이 난 감자는 피하도록 합니다.

5색 야채전

요리시간 : 20분
총 열량 : 349kcal
분 량 : 3회

재료
- 양파 30g
- 당근 30g
- 깻잎 5장
- 애호박 30g
- 고구마 50g
- 밀가루 30g
- 전분 10g
- 물 80ml
- 카놀라유 0.5큰술

1. 양파, 당근, 깻잎, 애호박, 고구마는 모두 아주 얇게 채 썰어 준비합니다.

2. 볼에 1과 밀가루, 전분, 물을 넣고 반죽합니다. 야채에 밀가루와 전분이 살짝 묻을 정도로 반죽을 하면 됩니다.

3. 달군 팬에 카놀라유를 두르고 2를 한 숟가락 분량으로 떠서 동그랗게 부치면 완성입니다. 약불에서 서서히 익혀야 타지 않고 야채의 수분이 나와 전이 잘 만들어집니다.

TIP
남은 야채전은 밀폐용기에 담아 냉장 보관 합니다. 다음 식사 때는 전자레인지나 프라이팬을 이용해 따뜻하게 데워서 주는 것이 좋습니다.

아마씨 멸치주먹밥 + 케일 사과주스

잔멸치볶음은 아이들이 가장 좋아하는 반찬이 아닐까 싶습니다. 칼슘과 인의 함량이 높은 멸치는 치아 및 골격 발달에 도움이 되며, 아마씨는 오메가-3지방산이 풍부해 뇌 세포 발달에 매우 도움이 됩니다. 또한 비타민A·C와 칼슘을 다량 함유하고 있는 케일은 두뇌 발달에 좋으며 섬유소인 펙틴(pectin) 함량이 높은 사과는 대장 건강에 유익한 식품입니다.

아마씨 멸치주먹밥

요리시간 : 25분
총 열량 : 365kcal
분 량 : 1.5회

재료
- 잔멸치 10g
- 달걀 1개
- 양파 15g
- 애호박 15g
- 아마씨 밥(p.263) 150g
- 아가베시럽 0.5작은술
- 간장 0.2작은술
- 포도씨유 1작은술

1 달걀은 잘 풀고 양파와 애호박은 잘게 다집니다.

2 마른 팬에 잔멸치를 먼저 볶다가 아가베시럽과 간장, 포도씨유를 넣고 바삭하게 볶아 덜어둡니다.

3 잔멸치를 볶은 팬에 포도씨유를 소량 넣고 양파와 애호박을 볶다가 풀어둔 달걀을 넣어 스크램블을 만듭니다.

4 볼에 아마씨 밥과 2, 3을 넣고 잘 섞은 다음 한입 크기로 뭉쳐 주먹밥을 만들면 완성입니다.

TIP
아마씨 밥을 만드는 방법은 260페이지를 참고합니다.

케일 사과주스

요리시간 : 5분
총 열량 : 176kcal
분 량 : 2회

재료
- 케일 5장
- 사과 1개
- 요구르트 200g

1 케일과 사과는 믹서에 갈기 좋은 크기로 썰어 준비합니다. 사과는 깨끗하게 세척해 껍질째 사용해도 좋습니다.

2 1과 요구르트를 믹서에 넣고 곱게 갑니다. 아이의 기호에 맞게 그대로 주거나 고운 체에 걸러 주면 완성입니다.

TIP
착즙기를 사용할 경우에는 즙만 착즙할 수 있어서 간편하지만 장 건강에 도움이 되는 다량의 식이섬유소가 버려질 수 있다는 장·단점이 있습니다.

 # 카레 달걀볶음밥 + 복숭아 망고 스무디

달걀은 필수 아미노산의 함량이 가장 이상적인 완전식품으로 달걀노른자의 인지질은 뇌세포와 신경세포의 구성 성분이며 지능과 기억력 향상에 필요합니다. 카레의 주원료인 강황에 들어있는 커큐민(curcumin)은 항암·항산화작용을 하며 뇌 세포를 손상으로부터 보호해주는 역할을 합니다. 비타민A와 C가 풍부한 망고를 우유와 함께 섭취하면 부족한 단백질과 지방을 보충할 수 있어 영양 균형이 잘 맞습니다.

카레 달걀볶음밥

요리시간 : 20분
총 열량 : 292kcal

🍳 재료
- 달걀 1개
- 대파 흰 부분 30g
- 양파 20g
- 카레가루 1작은술
- 밥 100g
- 아마씨유 1작은술

1 대파 흰 부분은 끝에 +모양으로 칼집을 넣은 뒤 잘게 다지고, 양파는 대파보다 조금 크게 썰어서 준비합니다.

2 달걀은 잘 풀어서 아마씨유를 두른 팬에 넣고 스크램블을 만든 뒤 다른 접시에 옮겨둡니다.

3 스크램블을 만든 프라이팬에 1을 넣고 양파가 투명해질 때까지 볶다가 밥과 카레가루를 넣고 잘 섞습니다.

4 마지막에 2를 넣고 골고루 섞으면 완성입니다.

💡 TIP
카레가루 자체에 간이 되어있기 때문에 추가로 간을 할 필요가 없습니다. 아이의 입맛에 맞춰 카레가루는 가감합니다.

복숭아 망고 스무디

요리시간 : 7분
총 열량 : 107kcal

🍳 재료
- 복숭아 70g
- 망고(or 냉동망고) 70g
- 수제 플레인요거트(p.168) 50g

1 망고와 복숭아는 껍질을 벗겨 적당한 크기로 자르고, 수제 플레인요거트를 준비합니다.

2 1을 모두 믹서에 넣고 곱게 갈면 완성입니다.

💡 TIP
- 단맛이 강한 복숭아와 망고를 사용한다면 단맛을 추가할 필요가 없습니다.
- 신맛을 싫어하는 아이라면 플레인 요거트와 우유를 섞어서 만들도록 합니다.

 # 쇠고기 장조림 + 바지락 콩나물 국 + 오이나물

철분 및 단백질 함량이 높은 홍두깨살은 기름기가 적어 이유식에 적합한 재료이기는 하나 안심만큼 부드럽지는 않습니다. 하지만 오랜 시간 푹 익혀 만든 장조림이라면 영양 만점 유아기 반찬이 될 수 있습니다. 또한 시원한 맛이 일품인 바지락은 철분과 인의 함량이 높아 빈혈을 예방할 수 있고, 아마씨유를 곁들인 오이나물은 두뇌 발달에 필요한 오메가-3 지방산을 보충할 수 있습니다.

쇠고기장조림

요리시간 : 1시간 20분
총 열량 : 850kcal
분 량 : 7~8회

재료
- 장조림용 쇠고기(홍두깨살) 500g
- 양파 小 1개(120g)
- 대파 1뿌리
- 통후추 10개
- 마늘 5개
- 달걀 2개
- 참깨 약간
- 육수 700~800ml
- 양념장
  - 간장 1.5큰술
  - 맛술 1.5큰술
  - 올리고당 2큰술
  - 들기름 0.5큰술

1 달걀은 완숙으로 삶아 껍질을 벗겨 준비합니다.

2 장조림용 쇠고기는 3~4cm 길이로 4등분하고 30분 정도 찬물에 담가 핏물을 제거합니다.

3 작은 볼에 분량의 양념장 재료를 모두 넣고 잘 섞습니다.

4 냄비에 2와 양파, 대파, 통후추, 마늘을 넣고 고기가 잠길 만큼의 물을 채운 뒤 센불에서 끓어오르면 중불로 줄여 25분간 삶습니다.

5 삶은 고기는 식혀서 잘게 찢거나 칼로 썰어두고, 고기를 삶은 육수는 고운 체에 걸러 분량만큼 따로 담아 둡니다.

6 냄비에 3과 5를 넣고 중불에서 25분간 푹 끓입니다.

7

1을 넣고 10분간 끓이다가 약불에서 2~3분 더 졸입니다. 먹기 전에 참깨를 뿌리면 완성입니다.

TIP
- 달걀을 삶을 때 약간의 소금과 식초를 넣고 굴리며 삶으면 껍질이 잘 벗겨지고 노른자가 가운데로 모여 자른 단면이 예쁘게 나옵니다.
- 6번 과정에서 육수를 충분하게 사용해야 촉촉한 장조림을 만들 수 있습니다. 고기를 삶은 육수가 분량만큼 나오지 않았다면 물을 섞어도 무방합니다.
- 아이의 입맛에 따라 간은 가감합니다.

바지락콩나물국

요리시간 : 40분
총 열량 : 266kcal
분 량 : 5회

재료
- 바지락 1팩(200g)
- 콩나물 300g
- 다진 마늘 0.5큰술
- 다진 파 0.5큰술
- 새우젓 1작은술
- 멸치야채육수(p.15) 700g

1

바지락은 소금물에 넣어 해감한 뒤, 깨끗하게 씻어 준비합니다.

2

콩나물은 흐르는 물에 2~3번 씻어 물기를 제거합니다.

3

냄비에 멸치야채육수를 넣고 끓어오르면 1과 2를 넣고 끓입니다. 바지락이 입을 벌리면 다진 마늘과 파를 넣습니다.

4

마지막으로 새우젓을 넣어 간을 맞추면 완성입니다. 아이가 먹을 만큼 덜어내고 청양고추와 새우젓 간을 더하면 엄마 아빠도 함께 먹을 수 있습니다.

TIP
바지락을 해감할 때는 굵은 소금을 푼 물에 바지락을 담고 검은 봉지로 감싸 냉장고에서 30분 정도 두었다 꺼내면 깨끗하게 해감할 수 있습니다.

오이나물

요리시간 : 6분
총 열량 : 43kcal
분 량 : 2회

재료
- 오이 1개(150g)
- 굵은 소금 0.5작은술
- 아마씨유 0.5작은술
- 참깨 약간

1. 오이는 깨끗하게 씻어 최대한 얇게(약 2mm) 썰어줍니다. 슬라이서를 이용하면 일정한 두께로 만들 수 있고 간편합니다.

2. 냄비에 물을 넣고 끓어오르면 굵은 소금을 넣은 뒤 오이를 2분간 데칩니다. 데친 오이는 찬물에 헹궈 식혀둡니다.

3. 2의 물기를 제거하고 아마씨유와 참깨를 넣어 조물조물 무치면 완성입니다. 약간의 소금으로 간을 더해도 좋습니다.

TIP
오이나물은 한번에 많이 만들어 먹기보다는 조금씩 만들어 바로 먹는 것이 좋습니다.

가자미 카레구이 + 송화버섯 볶음

가자미는 비타민B_1과 B_2가 다량 함유되어 있어 뇌와 신경에 필요한 에너지를 공급해주기 때문에 뇌 활성에 도움을 주는 식품입니다. 여기에 카레 속 커큐민(curcumin)이 뇌 손상으로부터 뇌를 보호해주어 함께 요리하면 맛뿐만 아니라 영양까지 향상시킬 수 있습니다. 햇빛을 많이 보고 자란 송화버섯은 비타민D가 풍부해 성장 발달 및 골격 형성에 도움이 됩니다.

가자미 카레구이

요리시간 : 20분
총 열량 : 146kcal

재료
- 참가자미 1토막(100g)
- 카레가루 1작은술
- 밀가루 1작은술
- 포도씨유 0.5큰술

1 가자미의 비늘을 칼로 제거하고 1회 분량으로 잘라 손질합니다. 남은 가자미는 종이호일에 감싸 비닐백에 담아 냉동 보관 합니다.

2 카레가루와 밀가루는 동량으로 섞어 준비합니다.

3 비닐 봉투에 1과 2를 넣고 살살 흔들어 튀김옷을 입힙니다.

4 포도씨유를 두른 팬에 3을 올리고 앞뒤로 노릇하게 구우면 완성입니다.

TIP
- 센불에서 구우면 생선이 익기도 전에 카레가루가 먼저 타버리기 때문에 중불에서 뚜껑을 덮어 속까지 완벽하게 굽도록 합니다.
- 가자미 살이 두툼할 경우 칼집을 넣어 속살까지 카레 맛이 잘 배도록 합니다.

송화버섯볶음

요리시간 : 10분
총 열량 : 46kcal
분 량 : 2회

재료
- 송화버섯 100g
- 포도씨유 1작은술
- 소금 약간

1 송화버섯은 흐르는 물에 2~3번 흔들어 씻은 후 밑동만 자르고 얇게 편으로 썰어둡니다.

2 포도씨유를 두른 팬이 달궈지면 약불로 줄이고 1에 소금을 뿌려 볶으면 완성입니다. 버섯 자체에서 수분이 나와 촉촉하게 볶을 수 있습니다.

TIP
송화버섯은 송이버섯의 향과 표고버섯의 식감을 가지고 있습니다. 향이 강한 버섯을 거부하는 아이일 경우 양파나 애호박 등 다른 야채와 섞어서 만들어줍니다.

로즈마리 닭 안심구이 + 아보카도 후무스

양질의 단백질 식품인 닭 안심은 나이아신(niacin)과 비타민B_1·B_2가 풍부하며 부드러운 식감으로 스테이크를 만들기 적합하며 로즈마리는 육류와 굉장히 잘 어울리는 허브입니다. 또한 칼륨과 비타민C, B_2가 풍부하고 영·유아기 두뇌 발달에 도움이 되는 필수 지방산이 가득한 아보카도와 칼슘과 비타민C, 철분, 마그네슘 함량이 높은 병아리콩을 함께 버무려 만든 후무스는 그야말로 영양소 덩어리라고 할 수 있습니다.

로즈마리 닭 안심구이

요리시간 : 40분
총 열량 : 224kcal
분 량 : 2회

📷 재료
- 닭 안심 100g
- 후추 약간
- 올리브유 1큰술
- 마리네이드
  - 간장 1작은술
  - 레몬즙 1작은술
- 아가베시럽 1작은술
- 다진 마늘 1작은술
- 로즈마리 2줄기

1. 닭 안심에 후추를 살짝 뿌려두고 작은 볼에 분량의 마리네이드 재료를 섞어 닭 안심에 부은 후 30분 이상 재웁니다.

2. 그릴팬에 올리브유를 두르고 1을 구우면 완성입니다. 추가로 곁들일 야채가 있다면 함께 구워도 좋습니다.

🔸 TIP
일반 프라이팬에 구워도 좋고, 오븐을 사용해도 좋습니다. 함께 곁들일 야채가 준비되어 있다면 야채에 올리브유를 미리 발라 타지 않도록 합니다.

아보카도 후무스

요리시간 : 30분
총 열량 : 577kcal
분 량 : 2~3회

📷 재료
- 아보카도 1/2개(90g)
- 병아리콩(건) 50g
- 잣 1큰술(13g)
- 바질 2g
- 레몬즙 1큰술
- 소금 약간
- 올리브유 1큰술

1. 병아리콩은 깨끗하게 씻어 6시간 이상 충분히 불립니다.

2. 1을 냄비에 넣고 포슬포슬하게 잘 으깨질 때까지 20분간 삶아 식힙니다.

3. 잣은 마른 팬에 살짝 볶고, 아보카도는 씨를 제거해 적당한 크기로 자릅니다. 바질도 준비합니다.

4. 분쇄기에 분량의 모든 재료를 넣고 곱게 갈면 완성입니다. 너무 되직할 경우 물을 소량 넣어 농도를 조절합니다.

🔸 TIP
잣이 없다면 호두나 아몬드를 마른 팬에 살짝 구워서 사용해도 좋습니다.

 ## 돼지고기 김치찜 + 양배추나물

단백질의 함량이 높고 비타민B_1이 풍부한 돼지고기는 유아기 두뇌 및 성장 발달에 매우 도움이 되며 특히 집중력과 기억력을 향상시키는 데 좋습니다. 김치는 대표적인 발효식품으로 다양한 유산균들이 우리 몸에 유익한 역할을 하기 때문에 가끔씩 유아식에 활용하면 좋습니다. 또한 비타민C와 식이섬유소가 풍부한 양배추는 소화가 잘되고 익혔을 때 단맛이 나 아이들 반찬으로 제격입니다.

돼지고기 김치찜

요리시간 : 55분
총 열량 : 242kcal
분 량 : 2~3회

🥘 재료
- 돼지고기 안심 100g
- 씻은 배추김치 80g
- 양파 80g
- 비트 10g
- 들기름 1작은술
- 들깨가루 0.5작은술
- 뜨거운 물 150ml

• 고기양념
- 다진 마늘 1작은술
- 간장 0.5작은술
- 맛술 0.5작은술
- 아가베시럽 1작은술
- 후추 약간

1 돼지고기 안심은 사방 1.5cm 크기로 썰어 분량의 고기양념 재료를 모두 넣고 조물조물 무친 뒤 30분 정도 재워둡니다.

2 양파와 비트는 2cm 길이로 채 썰어 준비합니다.

3 배추김치는 물에 여러 번 씻어 양념을 모두 없앤 뒤 적당한 크기로 자릅니다.

4 달군 냄비에 들기름을 넣고 1을 넣어 살짝 볶다가 2와 3을 넣고 잘 볶습니다.

5 뜨거운 물을 넣고 중불에서 끓이다가 뚜껑을 덮고 약불로 줄여 20분간 뭉근하게 익힙니다.

6 마지막으로 들깨가루를 넣고 5분간 더 익히면 완성입니다.

🥕 TIP
오래 끓이면 끓일수록 김치의 깊은 맛이 우러나옵니다.

양배추나물

요리시간 : 15분
총 열량 : 59kcal
분 량 : 3회

🥘재료
- 양배추 100g
- 포도씨유 0.5작은술
- 소금 약간
- 깨소금 약간

1 양배추는 최대한 곱게 채 썰어 찬물에 2~3번 정도 헹군 다음 물기를 제거합니다.

2 뜨겁게 달군 팬에 포도씨유를 두르고 약불로 줄인 다음 1을 넣고 젓가락을 이용해 잘 볶습니다.

3 양배추에서 수분이 나와 촉촉한 상태가 되면 소금과 깨소금을 넣고 양배추가 부드러워질 때까지 볶으면 완성입니다.

📌TIP
깨소금 대신 마지막에 참기름을 한 방울 넣어도 좋습니다. 나물 반찬으로 먹다 남은 양배추나물은 달걀프라이와 간장, 참기름을 넣고 비벼 든든한 한 끼를 만들 수 있습니다.

 # 5색 소보로비빔밥 + 미역장국

시각적인 효과가 굉장히 커서 야채를 싫어하는 아이들도 음식에 호기심을 느낄 수 있는 메뉴입니다. 다섯 가지 컬러푸드에 포커스를 맞추고 돼지고기와 두부, 달걀 등 양질의 단백질 식품을 추가하여 뇌 활동에 필요한 필수 아미노산과 비타민A·B·C를 보충할 수 있습니다. 심심하게 끓인 미역장국을 곁들이면 더 완벽한 한 끼 식사를 만들 수 있습니다.

유아식

5색 소보로비빔밥

요리시간 : 40분
총 열량 : 324kcal
　　　　(밥 미포함)
분　량 : 2회

📷재료

- 다진 돼지고기 40g
- 두부 60g
- 달걀 1개
- 파프리카 50g
- 양파 50g
- 송화버섯 40g
- 애호박 50g
- 포도씨유 0.5큰술
- 참깨 약간

• 돼지고기 양념
- 간장 0.5작은술
- 아가베시럽 0.5작은술
- 후추 약간

• 간장소스
- 간장 1작은술
- 물 1큰술
- 꿀 1작은술
- 참기름 0.5작은술

1. 다진 돼지고기에 분량의 돼지고기 양념을 모두 넣어 10분 동안 재우고, 두부는 미리 으깨둡니다.

2. 파프리카와 양파, 송화버섯, 애호박은 작은 주사위 모양으로 썰어 준비합니다.

3. 달걀은 잘 풀어 스크램블 만든 뒤 다른 접시에 옮겨 담습니다.

4. 팬에 포도씨유를 두르고 2에서 준비한 야채를 따로따로 볶습니다. 송화버섯은 물 1큰술을 넣으면 촉촉하게 볶을 수 있습니다.

5. 팬에 양념한 돼지고기를 넣고 볶다가 익으면 으깬 두부를 넣고 1분간 더 볶습니다.

6. 접시에 3, 4, 5를 보기 좋게 올린 뒤 참깨를 뿌립니다. 작은 볼에 분량의 간장소스 재료를 모두 섞어 곁들이면 완성입니다.

📢TIP

- 간장소스를 따로 만들지 않을 경우 달걀과 야채를 볶을 때 소금 간을 약간 합니다. 레시피의 간장소스는 2회 분량이지만 아이에 맞게 가감해도 됩니다.
- 간장소스 대신 양념고추장(고추장, 설탕, 참기름, 참깨)을 만들어 비비면 어른용 비빔밥이 됩니다.

미역장국

요리시간 : 20분
총 열량 : 15kcal
분 량 : 2회

재료
- 미역(건) 3g
- 팽이버섯 10g
- 가다랑어육수(p.17) 200ml
- 시로미소(백된장) 0.5큰술

1 건 미역은 작게 잘라 찬물에 10분 정도 불리고 팽이버섯은 밑동을 잘라내 3등분합니다.

2 냄비에 가다랑어육수를 넣고 끓으면 시로미소를 넣고 잘 풀어줍니다.

3 1을 넣고 10분간 중불에서 끓이면 완성입니다.

TIP
시판되는 미소는 종류에 따라 염분의 차이가 있으니 아이에 맞게 가감하도록 합니다.

단계별 이유식 식단표

BOUNS

초기 이유식 6개월(생후 180일) 식단표

SUN	MON	TUE	WED	THU	FRI	SAT
		1 브로콜리 미음 (p.40)	2	3	4 애호박 미음 (p.32)	5
6	7 완두콩 미음 (p.42)	8	9	10 쇠고기 미음 (p.44)	11	12
13 쇠고기 시금치 미음 (p.46)	14	15	16 쇠고기 콜리플라워 미음 (p.48)	17	18	19 쇠고기 비타민 미음 (p.50)
20	21	22 쇠고기 청경채 미음 (p.52)	23	24	25 닭고기 미음 (p.54)	26
27	28 닭고기 당근 미음 (p.56)	29	30			

중기 이유식 식단표 Type A

SUN	MON	TUE	WED	THU	FRI	SAT
		1 소고기 양배추 죽 (p.74) 차조 느타리버섯 죽(p.78)	2	3	4 소고기 아욱 죽 (p.76) 현미 단호박 죽 (p.80)	5
6	7 수수 배추 죽 (p.82) 연두부 밤 죽 (p.84)	8	9	10 강낭콩 소고기 죽 (p.86) 애호박 새송이버섯 죽 (p.92)	11	12
13 검은콩 닭고기 죽 (p.88) 표고버섯 무 죽 (p.94)	14	15	16 적양배추 소고기 죽(p.96) 검은콩 양송이버섯 죽(p.90)	17	18	19 근대 파프리카 죽 (p.98) 케일 사과 죽 (p.102)
20	21	22 비트 닭고기 죽 (p.100) 대구살 브로콜리 죽(p.104)	23	24	25 미역 소고기 죽 (p.106) 달걀노른자 감자 죽(p.110)	26
27	28 김 케일 죽 (p.108) 밤 비트 죽 (p.112)	29	30			

중기 이유식 식단표 Type B

* 🟫 글씨 : 새롭게 추가하는 죽

SUN	MON	TUE	WED	THU	FRI	SAT
		1 쇠고기 양배추 죽 (p.74)	2 차조 느타리버섯 죽	3 쇠고기 양배추 죽	4 차조 느타리버섯 죽	5 쇠고기 아욱 죽 (p.76)
		차조 느타리버섯 죽(p.78)	쇠고기 양배추 죽	현미 단호박 죽 (p.80)	현미 단호박 죽	현미 단호박 죽
6 연두부 밤 죽 (p.84)	7 수수 배추 죽 (p.82)	8 연두부 밤 죽	9 연두부 밤 죽	10 수수 배추 죽	11 애호박 새송이버섯 죽(p.92)	12 표고버섯 무 죽 (p.94)
쇠고기 아욱 죽	쇠고기 아욱 죽	수수 배추 죽	강낭콩 쇠고기 죽 (p.86)	강낭콩 쇠고기 죽	강낭콩 쇠고기 죽	애호박 새송이버섯 죽
13 표고버섯 무 죽	14 검은콩 닭고기 죽 (p.88)	15 검은콩 닭고기 죽	16 검은콩 닭고기 죽	17 근대 파프리카 죽 (p.98)	18 케일 사과 죽 (p.102)	19 검은콩 양송이버섯 죽(p.90)
애호박 새송이버섯 죽	표고버섯 무 죽	적양배추 쇠고기 죽(p.96)	적양배추 쇠고기 죽	적양배추 쇠고기 죽	근대 파프리카 죽	근대 파프리카 죽
20 케일 사과 죽	21 케일 사과 죽	22 검은콩 양송이버섯 죽	23 비트 닭고기 죽	24 비트 닭고기 죽	25 대구살 브로콜리 죽	26 달걀노른자 감자 죽(p.110)
검은콩 양송이버섯 죽	비트 닭고기 죽 (p.100)	대구살 브로콜리 죽(p.104)	대구살 브로콜리 죽	미역 쇠고기 죽 (p.106)	미역 쇠고기 죽	미역 쇠고기 죽
27 밤 비트 죽 (p.112)	28 김 케일 죽 (p.108)	29 밤 비트 죽	30 밤 비트 죽			
달걀노른자 감자 죽	달걀노른자 감자 죽	김 케일 죽	차조 느타리버섯 죽			

후기 이유식 식단표 Type A

SUN	MON	TUE	WED	THU	FRI	SAT
		1 기장 시금치 무른밥(p.128) 흑미 소고기 무른밥(p.126) 닭고기 표고버섯 무른밥(p.130)	2	3	4 쑥갓 단호박 무른밥(p.132) 깻잎 사과 무른밥 (p.136) 우엉 양배추 무른밥(p.134)	5
6	7 쪽파 연근 무른밥 (p.138) 팽이버섯 근대 무른밥(p.144) 참나물 소고기 무른밥(p.140)	8	9	10 가지 소고기 무른밥(p.142) 대추 검은콩 무른밥(p.146) 조기 쥬키니호박 무른밥(p.150)	11	12
13 렌틸콩 연두부 무른밥(p.148) 김 콜리플라워 무른밥(p.162) 갈치 단호박 무른밥(p.152)	14	15	16 잣 영양부추 무른밥(p.164) 동태살 청경채 무른밥(p.154) 흑미 소고기 무른밥	17	18	19 가자미 애호박 무른밥(p.156) 기장 시금치 무른밥 쑥갓 단호박 무른밥
20	21	22 잔멸치 브로콜리 무른밥(p.158) 닭고기 표고버섯 무른밥 우엉 양배추 무른밥	23	24	25 달걀노른자 애호박 무른밥(p.160) 깻잎 사과 무른밥 가지 소고기 무른밥	26
27	28 치즈 동태살 무른밥(p.166) 김 콜리플라워 무른밥 팽이버섯 근대 무른밥	29	30			

후기 이유식 식단표 Type B

* ■ 글씨:새롭게 추가하는 밥

SUN	MON	TUE	WED	THU	FRI	SAT
		1 기장 시금치 무른밥(p.128)	2 흑미 소고기 무른밥	3 닭고기 표고버섯 무른밥	4 우엉 양배추 무른밥	5 깻잎 사과 무른밥
		흑미 소고기 무른밥(p.126)	기장 시금치 무른밥	우엉 양배추 무른밥(p.134)	깻잎 사과 무른밥(p.136)	우엉 양배추 무른밥
		닭고기 표고버섯 무른밥(p.130)	쑥갓 단호박 무른밥(p.132)	쑥갓 단호박 무른밥	쑥갓 단호박 무른밥	참나물 소고기 무른밥(p.140)
6 깻잎 사과 무른밥	7 팽이버섯 근대 무른밥(p.144)	8 팽이버섯 근대 무른밥	9 가지 소고기 무른밥	10 대추 검은콩 무른밥	11 대추 검은콩 무른밥	12 조기 슈키니호박 무른밥
쪽파 연근 무른밥(p.138)	참나물 소고기 무른밥	가지 소고기 무른밥(p.142)	팽이버섯 근대 무른밥	가지 소고기 무른밥	조기 슈키니호박 무른밥	김 콜리플라워 무른밥
참나물 소고기 무른밥	쪽파 연근 무른밥	쪽파 연근 무른밥	대추 검은콩 무른밥(p.146)	조기 슈키니호박 무른밥(p.150)	김 콜리플라워 무른밥(p.162)	렌틸콩 연두부 무른밥(p.148)
13 김 콜리플라워 무른밥	14 갈치 단호박 무른밥	15 갈치 단호박 무른밥	16 흑미 소고기 무른밥	17 동태살 청경채 무른밥	18 동태살 청경채 무른밥	19 쑥갓 단호박 무른밥
갈치 단호박 무른밥(p.152)	렌틸콩 연두부 무른밥	흑미 소고기 무른밥	동태살 청경채 무른밥(p.154)	흑미 소고기 무른밥	쑥갓 단호박 무른밥	기장 시금치 무른밥
렌틸콩 연두부 무른밥	잣 영양부추 무른밥(p.164)	잣 영양부추 무른밥	잣 영양부추 무른밥	기장 시금치 무른밥	기장 시금치 무른밥	잔멸치 브로콜리 무른밥(p.158)
20 쑥갓 단호박 무른밥	21 잔멸치 브로콜리 무른밥	22 가자미 애호박 무른밥	23 닭고기 표고버섯 무른밥	24 달걀노른자 애호박 무른밥	25 달걀노른자 애호박 무른밥	26 깻잎 사과 무른밥
잔멸치 브로콜리 무른밥	가자미 애호박 무른밥	닭고기 표고버섯 무른밥	달걀노른자 애호박 무른밥(p.160)	우엉 양배추 무른밥	깻잎 사과 무른밥	치즈 동태살 무른밥(p.166)
가자미 애호박 무른밥(p.156)	닭고기 표고버섯 무른밥	우엉 양배추 무른밥	우엉 양배추 무른밥	깻잎 사과 무른밥	가지 소고기 무른밥	가지 소고기 무른밥
27 치즈 동태살 무른밥	28 치즈 동태살 무른밥	29 김 콜리플라워 무른밥	30 김 콜리플라워 무른밥			
가지 소고기 무른밥	김 콜리플라워 무른밥	기장 시금치 무른밥	쪽파 연근 무른밥			
팽이버섯 근대 무른밥	팽이버섯 근대 무른밥	팽이버섯 근대 무른밥	기장 시금치 무른밥			

완료기 이유식 식단표 Type A

SUN	MON	TUE	WED	THU	FRI	SAT
		1 소고기 배추 국수(p.184) 옥수수 동태살 덮밥(p.186) 닭고기 시금치 밥(p.198)	2	3	4 소고기 피망 덮밥(p.190) 황태 표고버섯 밥(p.200) 돼지고기 고구마 밥(p.192)	5
6	7 돼지고기 영양부추 밥(p.194) 토마토 스파게티(p.188) 연어 크림 덮밥(p.204)	8	9	10 아스파라거스 대구살 덮밥(p.206) 돼지고기 브로콜리 볶음밥(p.196) 검은깨 파프리카 밥(p.212)	11	12
13 새우 부추 덮밥(p.202) 닭고기 브로콜리 리소토(p.208) 소고기 송이버섯 밥(p.210)	14	15	16 소고기 톳 밥(p.214) 옥수수 동태살 덮밥 닭고기 시금치 밥	17	18	19 돼지고기 고구마 밥 황태 표고버섯 밥 소고기 배추 국수
20	21	22 연어 크림 덮밥 돼지고기 브로콜리 볶음밥 소고기 피망 덮밥	23	24	25 아스파라거스 대구살 덮밥 소고기 송이버섯 밥 닭고기 브로콜리 리소토	26
27	28 검은깨 파프리카 밥 소고기 톳 밥 새우 부추 덮밥	29	30			

완료기 이유식 식단표 Type B

* 🟦 글씨: 새롭게 추가하는 밥

SUN	MON	TUE	WED	THU	FRI	SAT
		1 소고기 배추 국수(p.184) 옥수수 동태살 덮밥(p.186) 닭고기 시금치 밥(p.198)	2 옥수수 동태살 덮밥 닭고기 시금치 밥 소고기 피망 덮밥(p.190)	3 옥수수 동태살 덮밥 소고기 피망 덮밥 돼지고기 고구마 밥(p.192)	4 닭고기 시금치 밥 황태 표고버섯 밥(p.200) 돼지고기 고구마 밥	5 황태 표고버섯 밥 돼지고기 영양부추 밥(p.194) 소고기 피망 덮밥
6 돼지고기 고구마 밥 황태 표고버섯 밥 토마토 스파게티(p.188)	7 돼지고기 영양부추 밥 검은깨 파프리카 밥(p.212) 연어 크림 덮밥(p.204)	8 돼지고기 영양부추 밥 연어 크림 덮밥 소고기 송이버섯 밥(p.210)	9 소고기 송이버섯 밥 검은깨 파프리카 밥 아스파라거스 대구살 덮밥(p.206)	10 검은깨 파프리카 밥 아스파라거스 대구살 덮밥 닭고기 브로콜리 리소토(p.208)	11 소고기 송이버섯 밥 닭고기 브로콜리 리소토 새우 부추 덮밥(p.202)	12 아스파라거스 대구살 덮밥 새우 부추 덮밥 소고기 톳 밥(p.214)
13 닭고기 브로콜리 리소토 소고기 톳 밥 옥수수 동태살 덮밥	14 새우 부추 덮밥 옥수수 동태살 덮밥 닭고기 시금치 밥	15 소고기 톳 밥 닭고기 시금치 밥 토마토 스파게티	16 옥수수 동태살 덮밥 황태 표고버섯 밥 닭고기 시금치 밥	17 황태 표고버섯 밥 소고기 피망 덮밥 돼지고기 고구마 밥	18 소고기 피망 덮밥 돼지고기 고구마 밥 소고기 배추 국수	19 연어 크림 덮밥 황태 표고버섯 밥 돼지고기 고구마 밥
20 돼지고기 브로콜리 볶음밥(p.196) 연어 크림 덮밥 소고기 피망 덮밥	21 연어 크림 덮밥 돼지고기 브로콜리 볶음밥 소고기 송이버섯 밥	22 돼지고기 브로콜리 볶음밥 아스파라거스 대구살 덮밥 소고기 피망 덮밥	23 아스파라거스 대구살 덮밥 소고기 송이버섯 밥 닭고기 브로콜리 리소토	24 아스파라거스 대구살 덮밥 닭고기 브로콜리 리소토 소고기 톳 밥	25 닭고기 브로콜리 리소토 소고기 톳 밥 검은깨 파프리카 밥	26 닭고기 시금치 밥 소고기 톳 밥 검은깨 파프리카 밥
27 닭고기 시금치 밥 옥수수 동태살 덮밥 검은깨 파프리카 밥	28 옥수수 동태살 덮밥 닭고기 시금치 밥 소고기 피망 덮밥	29 돼지고기 영양부추 밥 옥수수 동태살 덮밥 소고기 피망 덮밥	30 황태 표고버섯 밥 돼지고기 영양부추 밥 소고기 피망 덮밥			

유아식 식단표

구분		월	화	수	목	금	토	일
1주차	아침	아마씨 밥 + 병어찜 + 무 들깨나물 애호박나물 시금치나물 (p.260)	밥 + 배추 된장국 + 고등어구이 (p.272) + 무 들깨나물 애호박나물	밥 + 청국장찌개 (p.246) + 시금치나물	잡곡밥 + 톳 미역국 + 닭고기 비트 연근전 + 브로콜리 양파볶음 (p.275)	쇠고기 쌀국수 (p.238) + 키위	밥 + 톳 미역국 + 참치 두부 야채전 + 잔멸치 아몬드볶음 + 가지나물 (p.269)	밥 + 바지락 콩나물국 + 돼지고기 김치찜 + 양배추나물 + 토마토 (p.296)
	점심	밥 or 식빵 + 아스파라거스 프리타타 (p.242)	닭고기 땅콩소스 삼각김밥 + 토마토주스 (p.266)	달걀 파 국 + 새우볶음밥 (p.264)	시금치 카레라이스 (p.232) + 오렌지	잡곡밥 + 청국장찌개 + 닭고기 비트 연근전	시금치 카레라이스	밥 + 쇠고기 장조림 + 잔멸치 아몬드볶음 + 가지나물
	저녁	아마씨밥 + 배추된장국 + 쇠고기 감자찜 + 5색 야채전 (p.281)	야채 우동볶음 (p.240)	밥 + 청국장찌개 + 5색 야채전	밥 + 돼지고기 완자탕 (p.234) + 브로콜리 양파볶음	시금치 카레라이스	렌틸콩 밥 (p.278) + 바지락 콩나물국 + 쇠고기 장조림 + 오이나물 (p.288)	카레 달걀볶음밥 + 복숭아 망고스무디 (p.286)
2주차	아침	밥 + 쇠고기 장조림 + 양배추나물	쇠고기 가지 덮밥 (p.258)	밥 + 미역장국 + 가자미 카레구이 + 송화버섯 볶음 (p.292)	렌틸콩 밥 + 메추리알 장조림 + 감자 비트볶음 + 콩나물무침 (p.278)	밥 + 돼지고기 들깨탕 (p.230) + 콩나물무침	아마씨 멸치주먹밥 + 케일 사과주스 (p.284)	밥 + 쇠고기 감자찜 + 5색 야채전
	점심	연어 스테이크 (p.248)	새우 로제파스타 (p.250)	미역장국 + 꼬마김밥 (p.254)	밥 + 로즈마리 닭 안심구이 + 아보카도 후무스 (p.294)	아보카도 후무스 미니버거 + 우유 (p.256)	밥 + 돼지고기 들깨탕 + 브로콜리 양파볶음	밥 + 오징어완자 스테이크
	저녁	검은콩밥 + 돼지고기 김치찜 + 오이나물	미역장국 + 5색 소보로덮밥 (p.299)	쇠고기 가지 덮밥 + 귤	달걀 파 국 + 새우볶음밥	잡곡밥 + 메추리알 장조림 + 브로콜리양파볶음 + 감자 비트볶음	밥 + 오징어완자 스테이크 (p.236)	닭고기 땅콩소스 삼각김밥 + 토마토주스

구분		월	화	수	목	금	토	일
3주차	아침	밥 + 돼지고기 완자탕	밥 + 바지락 콩나물국 + 소고기 감자찜 + 무들깨나물	시금치 카레라이스	밥 + 배추된장국 + 닭고기 비트 연근전 + 브로콜리 양파볶음	밥 + 청국장찌개 + 닭고기 비트 연근전	밥 or 빵 + 아스파라거스 프리타타	밥 + 톳 미역국 + 돼지고기 김치찜 + 양배추나물
	점심	잡곡밥 + 소고기 감자찜 + 시금치나물 무들깨나물	미트볼 견과류덮밥 + 사과 (p.252)	연어크로켓 + 제철 과일 (p.244)	달걀 파 국 + 새우볶음밥	잡곡밥 + 청국장찌개 + 병어찜 + 브로콜리 양파볶음	밥 + 톳 미역국 + 소고기 장조림 + 오이나물	새우 로제파스타
	저녁	밥 + 바지락 콩나물국 + 오징어완자 스테이크 + 시금치나물	야채 우동볶음	아마씨 밥 + 배추된장국 + 고등어구이 + 5색 야채꼬치	달걀 파 국 + 시금치 카레라이스	소고기 쌀국수 + 포도	카레 달걀볶음밥 + 복숭아 망고스무디	잡곡밥 + 톳 미역국 + 소고기 장조림 + 양배추나물

구분		월	화	수	목	금	토	일
4주차	아침	밥 + 돼지고기 들깨탕 + 오이나물	아보카도 후무스 미니버거 + 우유	잡곡밥 + 미역장국 + 참치 두부 야채전 + 잔멸치 아몬드볶음	렌틸콩 밥 + 메추리알 장조림 + 감자 비트볶음	아마씨 멸치주먹밥 + 케일 사과주스	밥 + 돼지고기 완자탕 + 애호박나물	검은콩 밥 + 오징어완자 스테이크
	점심	밥 + 로즈마리 닭 안심구이 + 아보카도 후무스	미역장국 + 5색 소보로덮밥	소고기 가지 덮밥 + 블루베리	달걀 파 국 + 꼬마김밥	밥 + 메추리알 장조림 + 애호박나물	닭고기 땅콩소스 삼각김밥 + 토마토주스	미트볼 견과류덮밥
	저녁	검은콩 밥 + 돼지고기 김치찜 + 잔멸치 아몬드볶음 + 오이나물	밥 + 돼지고기 들깨탕	연어 스테이크	소고기 가지 덮밥	잡곡밥 + 오징어완자 스테이크 + 딸기	밥 + 소고기 감자찜 + 5색 야채전	밥 + 가자미 카레구이 + 송화버섯볶음

똑똑한 이유식 & 유아식

초 판 발 행 일 2018년 03월 05일
초 판 인 쇄 일 2018년 01월 30일

지 은 이 홍은미
발 행 인 박영일
책 임 편 집 이해욱

편 집 진 행 박재인, 강현아
표 지 디 자 인 김소은
본 문 디 자 인 신해니

발 행 처 시대인
공 급 처 (주)시대고시기획
출 판 등 록 제 10-1521호
주   소 서울시 마포구 큰우물로 75(도화동 538) 성지 B/D 6F, 9F
전   화 1600-3600
팩   스 02-701-8823
홈 페 이 지 www.sidaegosi.com

I S B N 979-11-254-4372-8

정   가 17,000원

※이 책은 저작권법에 의해 보호를 받는 저작물이므로, 동영상 제작 및 무단전재와 복제를 금합니다.
※잘못된 책은 구입하신 서점에서 바꾸어 드립니다.